東谷 暁

JN275761

世界と日本経済30のデタラメ

GS

幻冬舎新書

100

世界と日本経済30のデタラメ／目次

序　なぜこんなにデタラメが溢れかえるのか

二〇〇八年一〇月、世界の株式市場では、一九二九年以来といわれる同時株価暴落が続いた。欧米では消費が急速に冷え込み、対応を誤れば日本でも、これまで見られなかったほどの消費後退が見られることになるだろう。

二〇〇七年七月に顕在化したアメリカのサブプライム問題は、すぐにヨーロッパに波及して、やがて世界中の金融システムを混乱におとしいれた。リスクの高いサブプライムに関係している証券を、あまり購入していなかった日本の金融機関は比較的軽い傷ですんだが、問題がアメリカの政府系住宅金融機関の危機におよんだことで、もはやこの金融危機が対岸の火事とはいえないことが明らかになってしまった。すでに、アメリカの消費減退によって、日本の輸出産業は激しい後退を余儀なくされ、日本企業の株価下落も、アメリカの株価下落率を超えて、いまもさらに株価の底をうかがうといった状況にある。

こうした時期には、多くの噂や風評が乱れ飛び、金融関係者やビジネスマンだけでなく、一般の人たちの心理を掻《か》き乱し、普段なら考えてもみないような妄説が社会に蔓延《まんえん》しがちだ。危機的な時期こそ、目の前の出来事だけにとらわれることなく、冷静に個々の事実を正確に把握しなければならないのだが、かえってできなくなる。それはいったいなぜだろうか。

第一に、私たちは、危機に直面すると目の前の事態に有効に対応しようと焦って、自分が置かれた状況をともかく早く理解しようとしてしまう。パニックについての研究によれば、パニックに陥った人間は、必ずしも合理的な説明をしている説に従うのではなく、自分の知識の範囲内で分かりやすい説に飛びついてしまうことが知られている。

たとえば、日本経済が他国に比べて低成長に陥ったとき、その原因を知るためにさまざまな説を検討して妥当な理解に至るのではなく、日本経済を叩き潰そうとしている邪悪な集団がいるというような説を受け入れてしまうのだ。この種の説を分析していけば、多くの矛盾が生まれてくるので、冷静に考えればおかしいことが分かるのだが、パニック状態にあると真実であるかのように思えてしまうのである。

第二に、さまざまな説を唱えている人たち自身が、自分たちの誤った説のとりこになってしまうことも多い。これは同じ説を持った人々がつくるグループのなかで起こりやすく、誰かが疑いを持っても、他のメンバーが正しいと断言をしているのを聞くと反論できなくなるのである。しかし、正しいと断言している人間も、実は疑いを持っているというケースもよくあるので、誰かが最初の「裏切り者」になる勇気を持てば彼らの誤りは解消する。

ところが、これが社会全体におよんでしまうと、最初に唱えた人物が自分の間違いを告白しても、その説が一人歩きすることになってしまう。たとえば、ある会社の社長が「わが社の株価は、半分が妥当かもしれない」と冗談をいったことから、この会社の株価が下がり始めて、社長がいくら冗談だったと市場に向かって弁解しても、暴落が始まって本当に半分の価格になってしまうこともありうる。こうした現象は「自己実現的予言」と呼ばれていて、案外、多くの社会現象に見られる。

第三に、現在のような情報社会になると過剰集中が起こりやすくなり、誤った説が社会に蔓延するという現象が見られる。情報社会では、情報が満遍なく行き渡るから、間違いは矯正されると思っている人がいるかもしれない。しかし、実はまったく逆で、インターネットの「祭り」あるいは「カスケード」といわれる特定情報の自己増殖現象は、情報社会における過剰集中の典型的な例といえる。

こうした過剰集中は、すでに一九世紀から指摘されてきたが、最近の情報網がいくつか拠点を作ってそこから支線を出す「ハブ・アンド・スポークス」型になり、情報処理が頻度の多いものを重要と見なすという傾向が強まるにしたがって、ますますその危険が高まっている。つまり、頻繁に論じられる説は、その正確さの如何《いかん》にかかわらず、重要な説と見なされてしまう傾向が加速しているわけである。

まさにいまは、世界経済が危機的な時期であり、その危機を乗り切るためにいくつものグループが解決策を競っているが、そのいっぽうで、現在の情報のありかたは、「祭り」や「カスケード」が起こりやすい状態にあるといえるのだ。

しかも、経済問題というものは、その影響を受けない人は誰もいないのに、そのことについて十分に時間をとって、じっくりと考えることができる人はきわめて少ない。ビジネスマンであっても、自分の会社の「経済」つまり「経営」については詳しいかもしれないが、日本経済について考えるということとは直接結び付かない。また、家庭を取り仕切る女性も、自宅の「経済」つまり「家計」についてしっかり把握することは得意でも、世界経済についてあれこれ分析するなどということは稀有《けう》のことに属すだろう。

こうした事情のために、世界危機と日本経済について考えるさい、テレビに流れている分かりやすい妄想のような説に飛びつき、さほど根拠もない陰謀説を唱える本に没入してしまい、それをまたインターネットで繰り返し発信するので、驚くべき噂・風評・妄想が社会に溢れるということになる。一旦そうした状態に陥れば、経済についての世論など、とても正気とはいえないものになってしまうだろう。

もちろん、そうした噂・風評・妄想つまりはデタラメから、自分たちの身を守る方法がないわけではない。

まず、私たちができるのは、あまり分かり急がないということだ。経済問題は多くのことが絡み合っているので、ノーベル賞クラスの経済学者でも完全に把握することは難しいというのが現実だ。きわめて明快ですっきり分かったような気にさせる説は、むしろ、疑ってみたほうがよいということである。ことに強い決め付けで語っている評論家の説については、とりあえず聞いておいて、後でゆっくり考え直すべきだろう。

つぎに、その情報の出所がどこなのか、面倒がらずに確かめるということが必要だ。アメリカの場合は、民主党系の経済学者と共和党系の経済学者ではいうことがまったく異なることが多く、同じデータを使っても、その解釈しだいで逆の結論が出てくるということも珍しくない。日本の場合にも、その人がどのような政治的背景を持っているか、どこがお金を出しているシンクタンクのエコノミストであるか、なども注意したほうがよい。

これは経済についての本を読む人に必要なことだが、引用している文献が同じようなものが多い人たちは、グループを形成して同じ説を流布させていることが多い。何人もの経済学者が同じような議論をしているからといって、それが多くの経済学者の見解の一致を意味するのではなく、ただの仲良しクラブの存在を示しているにすぎないこともあるのだ。

さらに、インターネットで検索して、上位にずらりと並んだからといって、それが正しい見解なのか、妥当な分析なのかは、まったく保証の限りではない。同じことは、経済に関するベストセラー本についてもいえる。皆が読んでいるからといって、それが経済問題についての整合性のある解釈であるとは、残念ながらいえない。それは、単なる情報世界における「カスケード」現象であるかもしれないのである。

もちろん、私たちは何から何まで疑っても、いつかは判断をしなくてはならない。少なくとも、私たちがいまの経済危機をできるかぎり少ない被害で切り抜け、希望のある未来を作り上げようとすればそうだろう。しかし、そのためには、現在流布している経済情報について、まず、疑ってかかることから始めなくてはならない。

疑ってもなお、ゆるぎない根拠と論理性のあるものだけが、私たちを危機から脱却させてくれる。本書は、まずそのきっかけをつかむ、お手伝いをするために書かれた。もちろん、今回の経済危機に関する項目を多くいれたが、日本経済の問題はそれだけではない。どの項目から読んでいただいてもかまわない。少なくとも一〇年の将来を見据えて、読者なりの見通しを立てていただきたい。そのために本書が少しでもお役に立てば幸いである。

デタラメ1 いまの不況は構造改革を後退させたから

「日本の痛み」とは何だったのか

二〇〇八年九月、米投資銀行リーマン・ブラザーズが破綻して以降、世界経済は急激に落ち込みつつある。ことに各国の株価下落は大きく、アメリカのダウ平均は前年の一四〇〇〇ドル台から、一時は八〇〇〇ドルを大きく切って七七七三ドルまで下落した。

もちろん、日本の株価もアメリカの株価下落に引っぱられて急落しただけでなく、アメリカの株価下落幅を大きく超えてしまった。二〇〇七年七月には一万八〇〇〇円台だった日経平均は、二〇〇八年一〇月には七〇〇〇円台にまで下落している。

あるテレビ司会者は小泉政権による構造改革を支持して、まるで小泉改革の広告塔のようだったが、この人物は、日本経済の後退はサブプライムローン問題の影響ではなく、小泉改革の後退が原因だといい続けた。これは、日本の株価の下落率が、アメリカの株価下落率より大きいことを論拠にしたものだ。

また、小泉改革のブレーンだった元財務省官僚は、サブプライム問題の顕在化以降の経済成長率の落ち込みを比較して、アメリカより日本のほうが大きいと指摘。それは小泉改革の後退によって、いまだに経済政策を霞ヶ関の官僚が支配しているためだと主張した。彼もまた、サブプライム問題で日本経済が落ち込んでいるのではないというのである。

こうした小泉改革支持者たちの議論は、ひとことでいえば「我田引水」というべきもので、とても検証に堪えるものではない。公共の電波を使って小泉改革支持を煽《あお》り続け、あるいは、小泉改革のブレーンとして改革イデオロギーを唱え続けた人物たちが、自分たちの立場を失わないために、話をねじ曲げているだけのことなのである。

しかし、構造改革にどっぷりと漬かってきたマスコミも、同じような病状を示してきた。海外の経済誌や経済紙が日本経済の落ち込みは改革の後退にあると報じると、「我が意を得たり」とばかり、大喜びで報道したものだ。ことに英経済誌『エコノミスト』二〇〇八年二月二一日号が「Japain」と銘打った特集を組むと、日本経済新聞は一ページを使ってその抄訳にあてたし、産経新聞も第一面でその内容を紹介した。

このJapainというのは、もちろんJapan（日本）とpain（痛み）の合成語だが、内容をよく読めば、書いてあることは、日本国内の構造改革派が主張していた話の受け売りで、取材先もほとんどが構造改革派の面々である。つまり、この「日本の痛み」論は日本発であり、それが逆輸入されると、「ああ、外国の報道機関も同じことを考えていたのだ」と勘違いして、喜んだだけのことなのである。

日本の一時的な景気回復は外需によるものだった

二〇〇一年に小泉政権が成立して、構造改革を行なって生産性を高めると宣言したさいに、この痛みを伴う改革は効果が出てくるまで五年かかると述べていたものだ。ところが、二〇〇三年ごろから日本経済は回復に向かいはじめる。まず、アメリカ向けの輸出が増加して、さらに中国への輸出も急速に伸びたのである。

この間、竹中経済財政担当相が不良債権を処理して、お金の流れを円滑にする改革を行なっている。ところが、不良債権を処理しても金融機関から企業への融資は増えなかった。融資がようやく増えだしたのは、アメリカや中国への輸出が伸びて、日本国内に明るさが戻ってからだった。経済回復の最大の要因は、外需の伸びだった。

この外需に変調が訪れるのは、サブプライム問題でアメリカに信用収縮が起こり、それがヨーロッパにも波及してからである。アメリカ経済がおかしくなれば、アメリカの消費が落ち込むことは明らかだった。アメリカ消費が落ち込めば、日本のアメリカ向け輸出が下落するだけではない。中国からアメリカへの輸出が下落し、その影響で日本から中国への輸出も下落する。

日本は、対米輸出と対中輸出が共に減るというダブルパンチを食らったのだ。

こうした状況のなかで、日本の株価が下落していくのは当然だった。ひとつには、さらにアメリカ向け輸出が減少し、中国向け輸出の減少が予想されること。これは日本の景気回復の最大の要因が失われることを意味する。日本の株価はほぼ半年後の経済を織り込むといわれるが、サブプライム問題が顕在化した時点で将来への悲観が織り込まれたのだ。

もうひとつは、日本の株式に投資していた外資が、サブプライム問題による信用収縮で日本から資金を引き揚げたことである。本国の金融が急速に縮小して、本社も破綻するかもしれないのだから、呑気《のんき》に日本株に投資しているわけにはいかなかったのである。

日本の株価下落は輸出下落の予測が原因

こうした経緯を、実際の経済の動きのなかで確認してみよう。財務省が二〇〇八年九月に発表した同年八月の貿易統計では、対米輸出がなんと二一・八%も減少している。これは二六年ぶりの記録である。

同月に中国の税関総署が発表した対米輸出の減少は、同年一月から七月で見て前年同期より八・一%の下落であり、これは二〇〇二年以来の低さだという。税関総署はこの主な原因はサブプライム問題によるアメリカ国内の消費減と、人民元の対米ドル相場の上昇によると説明している。二〇〇八年の中国の経済成長率は九・〇%と予測され、一一半期ぶりに一〇%を下回り、世界に衝撃を与えた。

では、アメリカより大幅に下がったといわれる日本の株価の下落は、世界の株価と比べたとき、どのような位置にあるのだろうか。

二〇〇八年一〇月二四日までの一年間の振幅率は、日本はマイナス五四・七%でたしかに高い。しかし、アメリカも四四・四%、英国が四四・八%、フランスが四九・五%、ドイツが五〇・五%、ブラジルが五八・三%、インドが五九・六%、香港に至っては六〇・五%、シンガポールも五八・六%の下落を示している。他の国の株価も日本と同じ程度あるいはそれ以上に、サブプライム問題から大きな影響を受けており、この数字から読み取れることは構造改革の遅れではなく、消費が急落しているアメリカへの輸出下落の予測なのである。

さまざまな経済指標から将来を見たとき、日本経済に対するよりむしろアメリカ経済の先行きを見る世界の目のほうが厳しい。前出の英経済誌『エコノミスト』は、二〇〇八年二月ごろには、アメリカの二〇〇九年経済成長率を二・五%と予測していたが、同年一〇月には〇・六%まで、一・九%も下方修正した。

日本の場合も一・八%から〇・六%へと、一・二%の下方修正だから喜べるわけではないが、日本だけが構造改革の後退で経済が停滞するとは、実は、『エコノミスト』も思っていない。

これからの景気を考えれば、実体経済および金融システムにおいて、損傷が比較的少ない日本のほうが、むしろ落ち込みが少ないと予測するのは当然だろう。

さらに、経済成長率の比較については、サブプライム問題の顕在化後に、金融緩和のみならず財政出動まで行なって、必死になって一年間落ち込みを支えたアメリカと、小泉改革のイデオロギーである「小さな政府」が足かせになって、金融緩和はもとより財政政策など何もできなかった日本を比較することに、いまどれほどの意味があるのだろう。

加えて、この株価暴落のなかで円の為替レートが急上昇している。輸出企業にとってはこれも大いに困ったことだろうが、数値の上下だけで見るなら、円の価値がドルに対して上昇しているということであり、世界の日本経済に対する評価の上昇を意味する。それでどうして、日本経済が世界から構造改革の遅れで低い評価を与えられているという話になるのだろうか。

「観念の罠」にはまった日本の経済政策

何度も繰り返されてきた議論だが、これまでの日本経済において、構造改革路線から離脱した一九九六年に先進国で最大の経済成長を遂げて景気回復の兆しを見せたが、橋本政権が急激な構造改革路線を再び断行することで景気の腰折れが生まれた。

金融危機が訪れて経済成長が下落したときは、生産性を向上させる構造改革を行なうのは経済成長にとって逆効果であり、その悲惨な例はＩＭＦ（国際通貨基金）が構造改革的な処方箋を書いた韓国経済の「改革」と、その後の停滞にも見ることができる。すでに、ＩＭＦはこの失敗を認めており、不景気に向かっている時期に、構造改革をやれといっているテレビ司会者の発言は、とても正気の沙汰とは思えない。

今回、日本において、なんとか景気対策への対応が始まったのは、事実上、福田政権が崩壊して麻生政権が成立してからだった。サブプライム問題が顕在化した二〇〇七年七月以来、世界中の国がその対応策を考えて実行してきた。なかでも火元のアメリカでは、金融政策も財政政策も金融機関救済も、できることはほとんど試みてきたといってよい。ところが、日本だけが何もせずに手をこまねいて見ていたのだ。

このように「改革」のイデオロギー的な観念が経済対策を阻害する現象を「観念の罠《わな》」と呼ぶ。日本は小泉改革が唱えた「構造改革」「小さな政府」などの実態に合わない観念に邪魔されて、サブプライム不況への対応が一年以上も遅れをとった。小泉改革の後退が日本経済を停滞させているのではない。小泉改革の亡霊が日本経済を危機におとしいれているのである。

デタラメ2　世界同時不況には戦争以外の解決策がない

ルーズベルトはケインズ主義者ではなかった

ほんの一年前まで世界の金融を支配していたアメリカの金融機関が、次々と破綻して他の金融機関に買収され、あるいは政府の管理下に入るのを目撃すると、これは一九三〇年代の大恐慌の再来だと思っても無理はない。しかし、だからといって、それは直ちに同じように歴史が繰り返されるということを意味しない。そもそも、いまも当時の出来事が正しく理解されているとはいえないのである。

しばしば、大恐慌の時代にはルーズベルト政権がケインズ主義にもとづく経済政策を採用したが、それでも不景気は終わらずに、一九三九年に第二次世界大戦が勃発してヨーロッパに物資を売ることができたので、アメリカ経済は何とか立ち直ったといわれる。そこで、世界規模の不景気の解決策は戦争しかないといいたがる人も多いわけである。

しかし、こうした歴史についても、少しは疑ってみたほうがいい。まず、ルーズベルト大統領がケインズ主義を採用したというのは、戦後のケインズ主義者たちがつくりあげた神話にすぎない。たしかに英国の経済学者ケインズは、一九三四年にアメリカを訪れてルーズベルトに会っている。彼の『雇用・利子および貨幣の一般理論』（東洋経済新報社）は一九三六年の刊行だが、すでにこのころには、理論の骨格はできあがっていたといわれる。

ところが、ルーズベルトは会見したケインズのいっていることがよく分からなかった。会見後、ルーズベルトは会見をアレンジしたフランクファーターに対しては「私はケインズと全般的な話をしたが、彼をとても好きになった」と語ったが、労働長官のパーキンズに対しては「彼は煩瑣な数字ばかりを残していった。彼は経済学者ではなく、数学者にちがいない」と語って、失望を隠さなかった（秋元英一『世界大恐慌』講談社選書メチエ）。

ケインズ主義の中心的な政策とされる財政出動について見ると、一九二九年から三三年にかけての民間投資が一五〇億ドルも減少したのに対して、ルーズベルト政権下における政府の財政赤字は一九三四年に二九億ドル、三六年でも三一億ドルにすぎなかった。これではとてもではないが、ケインズ主義的な政策を採用したとはいえないだろう。

もちろん、経済学もいろいろあるから、ケインズ主義の経済政策そのものが問題だという人はいるかもしれないが、そもそもケインズ主義的な政策が採用されたということが、正確な歴史事実ではないのである。

財政均衡主義が再びアメリカに不況を招き寄せる

では、アメリカのマネタリズム経済学の元祖とされている、アービング・フィッシャーのアドバイスはどうだったのだろうか。最近、ある日本の金融経済学者が、一九三三年にルーズベルトに会見したフィッシャーのアドバイスが、ルーズベルトの経済政策に役に立ったかのように書いている。しかし、この会見も、実は、まったく効果がなかった。

フィッシャーに好意的なロバート・アレンの評伝『アービング・フィッシャー』（ブラックウェル社）ですら、「三三年、フィッシャーは自分がすべての戦線で、勝利を収めつつあると感じていた。しかし、実際にルーズベルトはフィッシャーの提言のただひとつも、受入れてはいなかった」と記している。フィッシャーは思い込みの激しい人だったので、家族に送った手紙などにはルーズベルトを説得したと書いてあるが、事実はそうではないのだ。

ではいったい、ルーズベルトは何を行なったのだろうか。まず、ルーズベルトはアメリカを金本位制から離脱させた。また、全国の銀行を強制的に休業にする「バンク・ホリデイ」を断行し、不良債権を検査して銀行を管理下に置いた。

さらに、立法によって従業員の労働時間を制限して雇用を増加させ、農産物の価格上昇を抑えて需要を喚起しようとした。ちなみに、この当時の連邦準備制度理事会のユージン・ブラック議長は、手形の割引率を下げて、市場に貨幣を供給させる方向を打ち出している。

しかし、これは意外に知られていないことだが、ルーズベルト大統領は当選する前から財政均衡論者だった。財政を赤字にするというのはおぞましいと思っていた。そこで一九三六年に圧倒的な支持率で当選すると、一九三七年から財政縮小路線に転じてしまい、アメリカは再び奈落の底へと転落することになる。当時、この不況は希望を抱きかけていた国民を愕然《がくぜん》とさせて、この新たな不況は「ルーズベルト不況」と呼ばれた。

驚いたルーズベルト政権のスタッフたちは、ルーズベルト大統領を説得して財政出動を是認させたおかげで、一九三八年になると多少は回復したが、本格的な回復軌道に乗るのは一九三九年にヨーロッパで戦端が切られてからだった。この意味では「アメリカの不況を救ったのは戦争だった」といえるかもしれないが必ずしも正確ではない。そこにはルーズベルトの迂闊《うかつ》な財政政策における大失敗があったわけである。

金融政策の失敗から、世界はどこまで学んだか

近年の大恐慌研究は、恐慌が世界に波及して長期化した原因として、先進諸国がなかなか金本位制から脱却できなかったことを強調する傾向がある。

たとえば、ベリー・アイケングリーンの『黄金の足枷』（オックスフォード大学出版）は、回復が

早かったのは金本位制から抜け出した国であり、遅かった国はいつまでも回復しなかったという。彼によれば、大恐慌を長引かせたのは金本位制に固執して金融引締政策を続けた各国の政策の誤りということになる。

同じく金融に注目するが、ここに企業のバランス・シートの問題を見出したのが、現在、連邦準備制度理事会の議長を務めているベン・バーナンキだった。バーナンキは『大恐慌論集』（プリンストン大学出版）に収めた論文で、「借手の純資産の目減りは、貸手の不安からくる派生的なコストを増大させるので、結局、借手が望む投資の純コストを上昇させてしまう」と述べている。借手の資産が急速に下落してしまうと銀行は融資をしなくなってしまい、それが不況の長期化につながったというのだ。つまり、バランス・シート不況である。

こうした制度設計の失敗を含む、政策のミスによる金融機関の貸出の停滞や、バランス・シートに張り付いた負債が融資を阻害してしまう現象は、日本の長期不況でも顕著に見られた。ルーズベルトとは異なり、財政出動と同時に、金融緩和の措置や不良債権の政府による買上を行なうなど、今回の欧米の政府が採った処置を見る限り、ある程度、世界大恐慌や日本の長期不況の教訓が生きているといってよいだろう。

いま経済マスコミはそのスピードや量を問題にしているが、障害になったのは、むしろ経済マスコミの市場原理主義的な政府介入批判だ。

アメリカの優位がゆらぐ二〇二〇年ごろが転機

残る問題は、軍事力だろう。一九二九年に始まる世界大恐慌のさいには、ヨーロッパやアジアにおいて、当時の世界政治システムに対し、現状変更を企てようとする勢力が台頭していた。ヨーロッパではドイツが独自の生存圏を主張していたし、アジアでは日本が獲得した満州国の権益を必死に守ろうとした。もし、同じような現象が起こるとすれば、現在の現状変更勢力は、開発途上国から登場してくることになる。

現在のアメリカの圧倒的な軍事的優位がゆらぐのは、二〇二〇年以降とするのが、軍事や国際政治の研究者たちの共通した見方といえる。これは中国の現在の軍拡が継続された場合を想定して割り出した仮説で、アメリカの国防総省の見解も、この二〇二〇年以降をアメリカの軍事力における圧倒的優位が崩れる、一応の目安としている。

この仮説が正しいとすれば、この数年の間に、経済的に窮地に陥った開発途上国が、現在の国際秩序を変更する戦争に訴えるというのは、あまり現実的とはいえない。少なくとも、ろくろく調べもしないで、世界同時不況が来たら戦争の時代だなどと、知ったかぶりをするべきではない。むしろ、いまの世界政治システムのなかで、アメリカがさらに横暴を極めることを心配したほうがよいだろう。

とはいえ、今回の金融危機とそれに続く世界的な不況は、これまでのアメリカを中心とする経済的秩序だけでなく、政治的かつ軍事的秩序に対する信頼を低下させていることは間違いない。いまの世界的不況が長引けば、世界各地での紛争が増えて、さらに、世界の経済を不安定にするという危険性は、けっして低くないと考えておくべきだ。

デタラメ3 欧米金融機関が破綻のいま日本の金融機関のチャンスだ

日本の金融機関は比較的傷が浅かった

サブプライム問題が発覚した二〇〇七年七月以降、アメリカの金融機関は次々と危機に陥った。たとえば、二〇〇八年三月に投資銀行ベア・スターンズを政府の支援のもとにJ・P・モルガンが合併し、九月に同じく投資銀行のリーマン・ブラザーズが破綻、投資銀行メリルリンチがバンク・オブ・アメリカに合併された。

また、同月、巨大な保険会社AIG（アメリカン・インターナショナル・グループ）は、政府が約八割の株を保有してその管理下に置かれ、政府系住宅金融機関のファニーメイとフレディマックも文字通り政府機関となった。さらに、貯蓄貸付組合の大手ワシントン・ミューチュアルも破綻した。

ヨーロッパの金融機関もボロボロといった状態だ。まず、二〇〇七年八月にフランスのBNPパリバ銀行が危機に陥り、二〇〇八年二月に英国のノーザン・ロック銀行が一時国有化されることが決まった。他にも多くの金融機関の危機が露見し、EU全域で金融危機が広がっていることが明らかになっている。

こうした世界金融の荒野のなかでも、バブル崩壊後の悲惨さが記憶にあったおかげで、比較的傷の浅い日本の銀行や証券会社が、「いまや俺たちの時代がやってきた」と意気軒昂《けんこう》だという。破綻した金融機関に資金を投入し、日本の金融機関だけは世界の落ち込みのなかでM&A（企業合併・買収）に積極的だというのだ。

たとえば、三菱UFJフィナンシャル・グループはアメリカのモルガン・スタンレーの株式二割を買い入れ、野村ホールディングスはリーマン・ブラザーズのアジア・太平洋部門とインド拠点を買収し、欧米でも破綻しかけた金融機関を物色している。

たしかに、いま日本の金融システムは欧米に比べれば何とか健全性を保っている。株価が下落しているとはいえ、日本の実体経済にもまだまだ力が残っている。だが、こうした行動もよほど気をつけないと、よい買い物をしたつもりでいても、ババを掴まされることになるだろう。

アメリカと日本とでは金融機関の仕組みが異なる

第一に、アメリカ型の投資銀行は日本の銀行とは組織形態がまったく異なる。破綻同然になれば、その業務を支えてきた稼ぎ手たちは巨大な船のネズミのように脱出してしまっている。

もともと、高い報酬が目当てでペテン師ギリギリの仕事を続けてきた連中なのだ。

彼らは、すでに他の金融機関に移ってしまっているか、しばらくは次のバブルを待つために、カリブ海あたりで日光浴をしていると思ったほうがいい。腕っこきの稼ぎ手ならば、年間数億円相当の報酬も珍しくはない。そんな連中が未練たらしく破綻しかけた投資銀行に居残っているわけがないではないか。

投資銀行の業務のほとんどは、きわめて頭の回転が速い連中の個人プレーが支えてきた。組織で動き、忠誠心で支えている日本の企業組織とは、まったく異なるということを理解しないと、買った金融機関の建物のなかにはデガラシだけが残っているということにも気がつかないことになる。

第二に、そもそも投資銀行のゴールドマン・サックスやモルガン・スタンレーが一時的に商業銀行に衣替えしたことから分かるように、いまや投資銀行というビジネスモデルじたいが休業状態なのだ。金融機関の名前が同じだから、かつて行なっていた博打《ばくち》同然のビジネスで高い利益を上げてくれる、などと思うほうが間違いだろう。

一九八〇年代から九〇年代の初頭にかけて、日本企業は世界で買収攻勢に出ていったし、融資額でみると上位一〇行のうち上位七行が日本の銀行だった時期がある。しかし、この時期にも、住宅地に転用できないオレンジ畑、壊せない石綿入りのビルディングなどを掴ませられた例は実に多かった。

はては内部の使用権が売却ずみのロックフェラーセンターの外側だけを、目玉の飛び出るような価格で売りつけられた不動産会社すらあった。こうした教訓がどこまで生きているかが、日本の金融機関による欧米金融機関買収の成否の境目かもしれない。

アメリカの公的資金投入の資金調達は日本からの可能性

いま日本が注意すべきは、それだけではない。アメリカは七〇〇〇億ドル（約七〇兆円）の公的資金注入を決めたが、これを「アメリカもここまで落ちぶれたか」などと思って感慨にふけっているわけにはいかない。この七〇〇〇億ドルをアメリカ政府はどのようにして調達するのだろうか。

考えられるのはアメリカ財務省証券（アメリカ国債）を発行することだが、その買い手は誰が想定されているのだろうか。私は、日本がそのかなりの部分を、日本経済の浮揚策の名の下に、引き受けさせられるのではないかと危惧している。

もちろん、アメリカは日本に「俺の国の国債を買え」などとはいわない。しかし、アメリカに引きずられて不況を迎えた日本に対し、内外からの金融緩和の要請が強くなっていくことだろう。日本の財務省は国内のドルを買い上げて、そのことで国内の円を潤沢にし、同時に手にしたドルによってアメリカ国債を購入する。こうすれば金融緩和が達成され、国内の景気を刺激することができ、そのままであれば為替レートも円安に振れるから輸出にとっても有利だ。

事実、二〇〇二年から二〇〇四年にかけて、日本の財務省はさかんにアメリカ国債を購入した。二〇〇一年の残高が三一七九億ドルだったのに、二〇〇二年に三七八一億ドル、二〇〇三年に五五〇七億ドル、二〇〇四年には七一一一億ドルにまで達した。

この時期、日本国内には潤沢な円が溢れて、為替レートも円安になったので、アメリカ向けおよび中国向け輸出の急伸に貢献している。日本はアメリカ国債を持たされたが、かろうじて景気回復の糸口をつかむことができ、日米通貨協調政策の成果ともいわれた。

長期的には減価するアメリカ国債を保有することに

しかし、今度はこれと同様にはいかない。二〇〇二年から二〇〇五年にかけてアメリカは住宅バブルで景気がよかったから、多少の円安には目をつむることができた。また、アフガン戦争とイラク戦争によって軍需が急伸する「ディフェンス・バブル（国防バブル）」もあったので、アメリカの内需が減少するということもなかった。さらに、ウォール街はいくらでも投資を必要としていたので、ドルが国内に還流してくることは歓迎だった。

では、いまの状況はどうだろうか。アメリカの国内産業は疲弊して、デトロイトの自動車産業などへの政府補助金すらも検討されたほどだ。消費者は持ち家の急激な減価によって、消費意欲をまったくなくしている。ウォール街は開店休業の状態にある。アメリカ政府は公的資金のための財務省証券発行は必至でも、ドル高に為替レートが振れるのは避けたいところだ。

とすれば、アメリカ国債を日本に買わせると同時に、国内の金融緩和を行なってドルをさらに減価して、円安ドル高になる事態を回避するのではないだろうか。この場合には、日本はただたんに、将来的にさらに価値が下落するアメリカ国債を、自国の金融政策として大量に買わされただけのことになる。

もちろん、これは日本にとって最悪とはいわないまでも、けっして得とはいえないシナリオだろう。そんなことを、むざむざとやらされるほど日本は甘くはないという読者もいるかもしれない。しかし、いまの日本国内にみられる奇妙な危機感の欠如と、金融関係者たちの見当違いの高揚をみると、とても楽観するわけにはいかないのである。

デタラメ4 アメリカの金融資本主義は崩壊する

アメリカはこれまで何度も「崩壊」してきた

アメリカ金融の牽引役だった投資銀行が次々とおかしくなり、巨大保険会社AIGや政府系住宅金融機関が事実上の国有になってしまうのを目《ま》の当たりにすれば、これはアメリカの金融そのものが崩壊するのだと思い込んでも無理はない。

しかし、いまさかんに「アメリカの金融資本主義は崩壊した」などと論じている論者は、一九九〇年ごろにも「アメリカの時代は終わって、これからは日本の時代だ」などと、根拠もなく論じていたのである。アメリカの経済がおかしくなると、決まってこの類《たぐい》の議論が出てくるが、実は、アメリカ経済はこれまで何度も「崩壊」してきた。

まず、一九二九年、ニューヨーク証券取引所での大暴落をきっかけに大恐慌が始まり、次々に銀行の取り付け騒ぎが始まって金融がまったく機能しなくなった。しかも、当時は世界的に金本位制に固執する傾向があったので、融資を急速に拡大して危機を乗り切るというやり方ができなかった。アメリカは、国民の四分の一が職を失うという、未曾有《みぞう》の経済「崩壊」を経験した。

一九八〇年代にも金融緩和によって金利が自由になると、それまで金融の中心だった商業銀行が行き詰まった。預金を集めて、それを元に融資するという「間接金融」では十分な利益を得ることができなくなり、「銀行は死んだ」といわれた。八七年のブラック・マンデーは、ニューヨーク証券取引所で史上最大の株価下落率を記録して、このときも「アメリカは経済の中心であることを止《や》めるだろう」などといわれた。

二〇〇一年、ITバブルが完全に崩壊したので、これは一九九〇年の日本のバブル崩壊に匹敵するから、日本と同じく「失われた一〇年」がやってくるだろうといわれた。その直後、エンロンやワールドコムといった、巨大企業の会計不正と破綻が発覚し、「アメリカ資本主義の終焉」というタイトルを掲げたアメリカの経済誌もあった。

金融の中心地が移動した歴史を振り返る

もちろん大恐慌はともかくとして、今回はさまざまな「崩壊」のなかでもかなり深刻な「崩壊」だといえるだろう。というのは、アメリカの金融を引っぱってきた投資銀行が次々と破綻同然の状態になっているからだ。投資銀行は当局の強い規制を受けずに、自ら投資を行なってアメリカの経済繁栄を実現してきた。

とはいえ、だからといってアメリカの金融界そのものが消滅して、金融資本主義が「崩壊」するとはかぎらない。投資銀行がこの二〇年あまり野放図に用いてきた「証券化」の手法や、ITバブルに見られるような、無理やりに多くのハイテク企業を上場させてその上場益を狙うといった手口は、規制されるかもしれない。しかし、ニューヨークに集中した世界の金融市場が、他の地域に移ってしまうのは、まだ先のことだろう。

もちろん、これまでも金融の中心地は移動してきた、一七世紀にはオランダが世界の金融の中心地だった。アムステルダムを中心とした金融は、チューリップの球根に投資するという「チューリップ・バブル」を経験したが、中心地としての地位は続いた。

ところが、オランダがフランスや英国との戦争によって衰退すると、金融の中心は英国のロンドンに移ることになる。一八世紀を通じてロンドンは世界の金融の中心地として興隆するが、ここには金融を扱う人たちの移住を伴っていた。アムステルダムで金融業を営んでいた人たちが、大勢、ロンドンのシティに移り住んだのである。

世界の金融中心地としてのシティは、一九世紀にピークを迎えたが、二〇世紀になってからも、ポンドが基軸通貨であり続けたこともあって、その中ごろまで繁栄は続いた。さらに、サッチャー政権がビッグ・バンを断行してアメリカをはじめとする金融機関がシティを席巻してからもなお、世界の金融市場のひとつとして生き延びている。

アメリカの金融は次々と「変貌」してきた

アメリカのニューヨークが世界の金融の中心となったのは、それほど昔のことではない。のちに触れるように、アメリカは二〇世紀の初頭にはすでに世界一の経済大国になっていたが、中央集権に対する批判が根強く、中央銀行にあたる連邦準備制度が設立されるのは、一九一三年になってからのことだった。

それ以前は、国際取引の決済をポンドで行なっており、南アメリカ諸国との貿易でも、決済はロンドンを経由してという、回りくどい方法が採られていた。金融危機が起こると、最有力の銀行家J・P・モルガンが中心となって援助するのが習慣になっていた。しかし、それではあまりにもリスクが高いので、モルガン二世が主導して連邦準備制度を作り上げ、危機のさいには連邦準備制度が「最後の貸し手」の役割を担うことになったわけである。

一九二九年に大恐慌が起こり、多くの銀行が危機に瀕したとき、ルーズベルト政権は「バンク・ホリデイ」を断行して、全国の銀行を一時的な営業停止にし、経営状態をすべて調査して再生できる銀行を決めていった。このとき以来商業銀行は連邦準備制度の管理下におかれるようになって、現在に至っている。

一九八〇年代、急激な金融自由化のため「銀行は死んだ」といわれたことはすでに述べた。商業銀行のそれまでのビジネスモデルは成り立たなくなったのだ。そこで時代は、連邦準備制度の管理下にはおかれていない投資銀行に移行した。この移行はセキュリタイゼーションあるいはディスインターメディエーションと呼ばれる。いわゆる「証券化」のことで、この言葉には、実は二つの意味があった。

証券化された金融の破綻の先にあるのは何か

ひとつは、よく知られているように、企業の資金調達が商業銀行の融資によるのではなく、株式市場から株式売却によって得るようになったこと。これは「間接金融」から「直接金融」に移ったといわれ、銀行という機関を介さないので「中抜き」ともいわれた。

もうひとつが、企業の株式だけではなく、債権や事業そのものも証券にして、金融市場を通じて投資家にバラバラに売却してしまう「証券化」である。これは一九七〇年代から始まっていたが、本格化したのは一九八〇年代、そして一九九〇年代には日本の不良債権を次々と「証券化」して、巨大な利益を上げたことは記憶に新しい。

この証券化は中国の不良債権処理にも応用されたし、よく知られているように、今回のサブプライム問題の原因になった、住宅ローン債権をバラ売りするのにも使われた。証券化による金融は巨大な富をアメリカにもたらしたので、金融の究極の姿などといわれたこともあるが、いまやそのリスクがどれほどだったのかが明らかになっている。連邦準備制度理事会と財務省は、暴走した投資銀行を管理下におく算段を始めている。

とはいえ、アメリカの金融をめぐる物語がこれで「崩壊」するわけではない。大きな損失を生み出したとはいえ、まだ、アメリカ金融の中核は生き延びている。そしてまた、「証券化」すらも、息の根を止められたわけではない。ニューヨークの金融市場に取って代わる市場は、まだ登場していないからである。

おそらく数年後、遅くとも五年後には、あらたに装いを代えた投資と投機の形態が、ニューヨークの金融市場に登場していると考えるべきだろう。もちろん、それがこれまでのように世界金融をリードするかは保証のかぎりではないが。

デタラメ5 不況対策に公共投資のバラマキはまったく効かない

「世界の借金王」を自称した小渕元首相の悲劇

一九九七年、橋本政権の性急な財政再建路線や金融危機のために、日本の景気回復は腰折れして、翌年には小渕政権が成立した。小渕元首相は、首相経験者である宮澤喜一氏を大蔵大臣にすえて積極財政路線を採ったが、思うような効果は生まれなかった。日本は相変わらず不況から脱出できなかったのである。

このときまで、財政出動を支持し、しかも減税より公共投資のほうが、効果があると主張していた日本の経済学者も、公共投資の効果には懐疑的にならざるをえなかった。そこで思い至ったのが、ケインズ経済学がそのままではもう有効ではないということだった。ケインズは極端な不況期には金融政策が効かなくなり、財政出動によって需要を創出するしか不況対策はなくなると述べていたが、これは正しくないというわけである。

そこで日本の経済学者たちが依拠するようになったのは、マンデル＝フレミング理論だった。

為替制度が固定相場制の場合には、ケインズが指摘したように財政出動をすれば、国内の需要が回復し、不況脱出の効果が生まれる。しかし、いまのような変動相場制の場合には、財政出動によって国内の需要を拡大すると、海外からの投資が増加し、そのため為替レートが円高に振れてしまい、その結果、輸出が下落して景気を押し下げてしまう。

そこで変動相場制の場合には、金融緩和を行なえば金利が下がり国内の企業も活性化され、為替レートも円安に振れるから輸出が伸びることになる。したがって、日銀は思い切った金融緩和を行なえば、日本経済は回復に向かうはずだというわけである。

日本国内の経済学者たちの多くは、日銀の金融緩和を主張し、アメリカの経済学者たちも「円をもっと刷れ」とけしかけた。それでも、日銀の反応が鈍いように思われたので、不況は日銀の金融緊縮策のせいだと批判する経済学者や経済評論家が続出した。

小渕元首相は「世界の借金王」と自嘲的に述べたので、いかにも失敗した財政出動の象徴的存在として回顧される。しかも、土木や建設への発注を含む公共投資が多かったので、いまや公共投資といえば「バラマキ」であり、それは悪いことにされてしまった。小渕元首相は景気回復を見ることなく斃《たお》れたが、最悪の状況のなかでの憤死のようなものだった。

「小国開放体系」と「大国開放体系」との違い

いまもこのマンデル＝フレミング理論で、金融政策の優位を論じる経済学者は多い。しかし、今回のサブプライム問題に端を発した金融危機とそれに続く経済低迷に対しては、アメリカの連邦準備制度理事会（ＦＲＢ）は、金利を下げて金融緩和を断行したが、財務省も「戻し税」などを断行して国民の消費が下落するのを阻止しようと試みた。

戻し税はもちろん財政出動にあたるわけだが、もし、マンデル＝フレミング理論が意味するのが、財政出動はまったく効果がないというのなら、アメリカ政府はムダなことをしていたことになる。いったいどうなっているのだろうか。

実は、マンデル＝フレミング理論に依拠して経済政策を考えても、アメリカ政府の行なった財政出動は、少しもおかしくないのである。まず、マンデル＝フレミング理論では、財政出動が効かなくなるのは、自国通貨の為替レートを高くしてしまうからだと述べているが、では、金融政策によって為替レートに影響が与えられればどうだろうか。このときは、財政出動も効果があることになる。

また、財政出動を行なえばショック療法的な効果があって、当面の消費マインドの低下を阻止することができる。さらに、その為替レートにおよぼす影響にはタイムラグがあるので、短期的には財政出動もある程度の効果があることが知られている。ましてや、アメリカのように、他の国に政策協調を要求してドル安を演出できる国の場合には、財政政策も金融政策も効果は大きいのである。

日本でいちばん読まれている経済学の教科書である中谷巌氏の『入門マクロ経済学』（日本評論社）では、マンデル＝フレミング理論の説明は、為替レートにまったく影響が与えられない場合だけに限られている。つまり、日本は経済小国だというわけだ。

しかし、アメリカの経済学教科書、たとえばグレゴリー・マンキューの『マクロ経済学』（東洋経済新報社）などでは、為替レートに影響を与えられない「小国開放体系」の場合に加えて、影響を与えられる「大国開放体系」についても説明が加えられている。この場合には、財政出動はある程度の効果を生み出すとしている。

景気が極端に落ち込んだときの雇用創出には有効

ところで、日本での景気対策は財政出動だけだったといわれることが多いが、日銀は遅ればせながら金利をゼロまで下げて、通貨量もかなり増加させた。ノーベル経済学賞の受賞者となるクルーグマンも、そのことを認めてからは、最初述べていたような「もっと円を刷れ」といった単なる金融緩和では、もうだめだと判断したほどだった。

つまり、一九九八年から二〇〇二年にかけての日本における経済政策は、財政政策も精一杯やったし、金融政策もそれまでの経験を超えて緩和したのに、なかなか景気回復の糸口はつかめなかったというのが正しいのである。そこで考えておかなくてはならないのは、財政出動が効かなかった理由が、マンデル＝フレミング理論が示しているような為替レートの上昇だけではない可能性もあるということだ。

中年以上の人たちがよく読んだケインズの入門書には、財政出動を行なうと消費を喚起してそれが波及効果を持つという「乗数理論」について、必ず書いてあったものだ。こまったことに、入門書にはこの「乗数」が一〇である例、つまり、財政出動の金額の一〇倍の需要を生み出す場合について書いてあることが多い。たとえば一〇兆円の財政出動をすれば一〇〇兆円の効果があるというわけだ。しかし、ケインズが一九三〇年代の英国で考えていた乗数は二・五程度のもので、乗数が途方もない効果を持つとは思っていなかった。

また、最近のケインズ研究家のなかには、本当に深刻な不況になったときには、この乗数は限りなく一・〇に近づくと考える人たちがいる。なかには一・〇より低いと考える人もいる。つまり、財政出動をしたからといって、不況期には人々の心も冷えているから、次々と消費が喚起され、需要が急激に伸びるということはないというわけである。

しかし、こうした説を唱える経済学者のなかにも、雇用創出のためには減税よりも公共投資のほうが、はるかに意味があると主張する人もいる。乗数が一・〇であるような深刻な不況になってしまえば、将来、子孫が資産と思えるものを公共投資で作ることは、労働力をムダにしないという意味でも否定すべきことではない。

以上から、公共投資を含む財政出動の効果は、為替レートが上昇してしまうと効果が減殺されるし、そのときの国民のマインドによっても効果が薄れる、ということになることはたしかだ。しかし、そうであっても、最近、アメリカ政府が示したように、短期的な効果をもとめて実行する場合は、いくらでもありうる。また、現在の労働力を遊ばせておくよりは雇用を創出し、子孫に何かを残すという意味での公共投資は、これからも十分に考えられるということなのである。

デタラメ6　ムダな支出を減らせば増税は必要ない

財政赤字が増えない状態にするだけでも困難

最近、「上げ潮派」を名乗る政治家やそのブレーンが、マスコミに頻繁に登場したせいか、彼らの理論どおりにすれば増税は必要ないと、錯覚を起こしている人が多い。

しかし、彼らの書いているものをよく読めば、いわゆる「埋蔵金」などを使ってしのぐと当面の増税は必要ないということにすぎず、早晩増税が必要になることは、十分に認めていることがわかる。

金融緩和政策によってGDP（国内総生産）を上昇させ、そのことで国債償還を進めて財政赤字を減らし、そのいっぽうで特別会計にもぐり込んでいる、過剰な積立金や準備金（つまり埋蔵金）を活用して、増税の時期を遅らせよう――これが「上げ潮派」の理論のすべてだったといってよい。

すでに日本の財投債および国債の残高は、二〇〇七年で六七四兆円に達しており、これをプライマリー・バランス（借金がさらに増えない状態）にまで持っていくだけでも、大変な努力が必要だ。なにしろ、国債の利子を払うために、また国債を発行せざるをえなくなっているが、その国債発行額が半端ではないのだ。

二〇〇七年度の予算で見てみよう。まず歳入だが、税収五三兆四六七〇億円、その他収入四兆九八億円、公債金二五兆四三二〇億円。公債依存度は三〇・七％である。さて歳出は、国債費二〇兆九九八八億円、地方交付税等一四兆九三一六億円、一般歳出四六兆九七八四億円。歳出のうち、国債費は二五・三％ということだ。

つまり、約三一％の国債を発行し続けるために約二五％の維持費を払っていることになる。これは、かなり異常な財政ではないだろうか。もちろん、そのとおりで、そんなことは誰もが分かっているけれど、あまりにも累積赤字が大きいので、これといった有効な削減策が採れないのである。

日本は「小さな政府」だが、国債残高は「大きな政府」

これほどまでに累積赤字が降り積もった最大の原因は、一九九〇年代に不況から脱出するため財政出動を繰り返し行なったことだ。しかし、それだけではない。

小泉政権などが「小さな政府」を唱えたので、日本は大きな政府だと思っている人が多いが、政府が使っているお金である一般政府総支出は先進諸国で最低の部類。また、公務員削減案などが出てくるので公務員が多いと思っている人も多いが、日本は先進諸国で対人口比の公務員数は最低レベルであり、日本は「小さな政府」といってよい。

では、使っているお金が少ないのに、なぜ、借金が減らないのだろうか。答えは簡単である。収入も「小さな政府」だからなのだ。これもマスコミなどが、税金を払う苦しみを強調して報道するので、日本は税金の高い国だと信じ込んでいる人が実に多く存在する。しかし、実は、徴収している税金も先進諸国では少ない部類に入るのである。

租税負担の国民所得比である「租税負担率」で比較してみよう。日本は二〇〇七年で二五・一%、アメリカは二三・二%、英国三七・一%、ドイツ二七・五%、フランス三六・八%、スウェーデン四九・九%。アメリカよりは多いが、他の先進諸国よりかなり少ない。

この租税負担率に社会保障負担率を加えて、財政赤字対国民所得比を勘案した「潜在的な国民負担率」も、日本四三・二%、アメリカ三八・二%、英国五一・七%、ドイツ五六・二%、フランス六五・九%、スウェーデン七〇・二%ということで、これもアメリカよりは多いが、他の国よりかなり少ないというのが現実である。

つまり、日本政府は、借金はものすごく多いが、収入も支出も少ないということになる。もちろん、これで支出が多くなったらおしまいだが、国家予算の全体の成り立ちからいったら、収入を増やさないといつまでもバランスがとれない。つまり、増税をいつかは考えなければならないということになる。

租税負担率が低く、財政支出が大きい国は存続不可能

それでは、他の先進諸国はどうなのだろうか。そこそこ、税金と支出とのバランスを取るのが普通だといえる。

まず、アメリカだが、すでに見たように租税負担率は二三・二%と低いが、一般政府総支出も三六・四%と低く、「低・低」国家といえる。逆に、スウェーデンは租税負担率が四九・九%と高く、そのかわり一般政府総支出も五六・三%と高い「高・高」国家だ。英国は三七・一%と四四・九%で「中・中」国家、ドイツは二七・五%で四六・八%の「低・中」国家、フランスは三六・八%と五三・九%の「中・高」国家といえる。

これに対して日本の租税担率は二五・一%と低く、一般政府総支出も三六・四%と低いので「低・低」に属すが、これから国債の償還を急激に行なうとすれば「中・低」に近い方法を選択しなくてはならない。これは政治的にも難しいものになることはたしかで、なるたけ長期間かけて償還する方法を考えねばならない。

アメリカは第二次世界大戦が終わったとき、戦時国債を大量に発行していたので、当時のG

DPに対して国債残高は約一二〇%にまで達していた。その原因は大きく異なるが、いまの日本と数値だけは似ていたわけである。しかし、当時のアメリカが幸運だったのは、世界経済がインフレ基調に向かったことだった。アメリカ政府は戦後になってからも、さまざまな種類の国債を発行して、国民に国債を買うように促したが、それでも大戦中の財政赤字が解消したといえる状態になったのは、一九七〇年代になってからだとされている。

いま世界は大恐慌の再来といわれるような状態にあり、世界経済がインフレに向かうという期待はあまり持てないだろう。しかも、これから高齢化社会を迎え、医療をはじめとして社会保障を充実しなくてはならないとすれば、消費税率を上げるなどの増税は避けて通れない。

消費税を目的税にしても、すべて解決するわけではない

ただし、気をつけなくてはならないのが、たとえば消費税を社会保障目的税にすれば、すべての問題が解決するように論じる人がいることだ。

まず、財務省のいまの制度では、消費税であろうと他の税金であろうと、なかに入ってしまえば関係がない。したがって、消費税を社会保障目的税と変えたところで、増税をしなければサービス向上などできるわけがないのである。

では、消費税を社会保障目的税にしたうえで、法律で拘束したらどうだろうか。これは税収

が景気と連動していることを考えると、景気のよい年にはサービスがよくなって、景気が悪い年にはサービスが悪くなる。それだけではない。これから高齢化が進んで医療費の増額が必要になったときでも、消費税の比率を上げるのは政治的にきわめて難しいから、医療そのものに支障が生まれる危険がある。

いずれにせよ、これから日本が直面する事態を考えれば、近いうちに増税をすることは避けられない。政治家たちも、実は「ムダをはぶけば増税は不要」とはいっていない。「増税の前にムダをはぶこう」といっているだけなのだ。しかし、世界で一般政府支出が最低レベルの日本で「ムダ」といえるものを探すのは難しい。そのため小泉政権の「小さな政府」を目指す政策は、多くの歪《ひず》みを日本に遺《のこ》したのである。

とはいえ、不可避だからといって、増税をいまのような不況期に行なうのは馬鹿げているし、増税派といわれる政治家たちもそんなことを主張しない。また、不況でない時期においても、内閣を潰す覚悟でやらないと無理であることはこれまでの歴史が証明している。政治家たちが増税をめぐって、ダーティで複雑な駆け引きを行なうのはそのためなのである。

デタラメ7 「埋蔵金」を使えば不況は脱出できる

特別会計のなかから掘り出された「埋蔵金」

いわゆる「埋蔵金」とは、財務省が国民にその存在を知らせないで、隠し持っているお金のことだ。それが最近では、使える分だけでも五〇兆円もあるといわれている。これほどの規模になれば、景気浮揚策に活用できるだろう。しかし、冷静になって考えれば、国家予算の隅っこに隠されているお金が、そんな巨額の金額になるはずもない。

もともと、この「埋蔵金」は、元財務官僚で内閣参事官も務めた髙橋洋一氏が、清和会とともに日本政府のバランスシートを再検討して、「見えない資産」が五〇兆円にものぼると指摘したことから始まっている。なかでも、財務省の「財政融資資金特別会計」と「外国為替資金特別会計」の金額が大きく、約四〇兆円を占めていると主張した。

最初、財務省はこの「埋蔵金」の存在を否定したが、政治問題化するのを避けるためか、二〇〇五年に、五年間で財政融資特会の一二兆円を含む二〇兆円が財政健全化に使われることになり、また、二〇〇八年にも財政融資特会の積立・準備金が取り崩されることに決まった。髙橋氏によれば、財務省が「埋蔵金」の存在を認めたことになるという。

ところで、この財政融資金特別会計と外国為替資金特別会計とは何だろうか。前者の財政融資特会とは、財投債で調達した資金を、政府系金融機関や自治体に融資することで生まれた収益で、金利の変動によってはマイナスも起こりうるので多めに積み上げていた。後者の外為特会は、外貨準備金をドル債の形で運用するが、その売買による運用益であり、これも外為レート変動を考えて多めに積み上げてきた。これは、円高になれば消滅することもある。実際、二〇〇八年一〇月に一ドル＝九〇円台になったときには、外為特会はとんだと報じられた。

髙橋氏が「発掘」した埋蔵金は、財政健全化に使われることとなり、国債を買い戻すことになったが、財務省が国債償還に使うと発表した九・八兆円のうち、市場からの国債買い入れは三兆円のみだった。残りの六・八兆円のうち三・四兆円は日銀保有の国債を買い、三・四兆円は財務省が保有する国債を買ったのである。

髙橋氏は、こうした国債償還は意味がないと批判し、あらたに、これから三年間に使える「霞が関埋蔵金五〇兆円リスト」を発表している（『文藝春秋』二〇〇八年九月号）。ここでは、この六・八兆円を「今年度つかえる埋蔵金」として真っ先に挙げた。つまり、財務省も「埋蔵金」と認めた分だから、すぐにでも使えるお金だというわけである。

霞が関埋蔵金五〇兆円の中身

この六・八兆円が使えるというのは、財務省も認めざるをえないだろう。それでは、髙橋氏が挙げている他の埋蔵金には、どんなものがあるのだろうか。

第一が、財政融資特会や外為特会と同じように、特別会計のなかにある積立・準備金で、他にも労働保険特会などの繰越金がある。第二が、民営化された郵政や日本政策投資銀行の株式売却、独立行政法人への出資金の売却。第三が、元国立大学や空港の売却である。

ここまで来ると首を傾《かし》げざるをえない。いくつかの積立・準備金は使えるかもしれないが、郵政などは民営化後の経営が思わしくなく、少なくとも、いまの段階で株式上場などできる状態ではない。また、日本政策投資銀行などは、政策的に金利を抑えて融資せざるをえない金融機関であり、他の金融機関のように利益追求ができない。そんな金融機関の株式を売却するのは、投資家を欺くことになるだろう。

また、さまざまな元国有財産を売却するというのも、少なくともこれから本格的な不況を迎える状況下では、せっかくの財産を安く手放すことになり、同時に、国内の資産価格を下落させて不況を加速させることになる。可能なのはせいぜい官民協調によって、国有民営の施設を増やすことぐらいだろう。

実は、政府が保有する金融資産を売却することはすでに開始されている。たとえば、政府系金融機関や地方自治体への貸付金を担保にして、金融機関を介在させ、「証券化」の金融テクニックを用いて国債償還の資金を生み出す試みが、すでに二回行なわれた。ところが、証券化の市場が冷え込んでいることもあって、金融機関への手数料が異様に高くなってしまい、批判されている。国有資産を売るという行為は不況期には得策ではないのである。

かつて国有財産のうち二〇〇兆円が使えるといわれた

財務省が隠し持っている資産がたくさんあって、それを使えば経済問題などすぐに解決するといわれたのは、今回が初めてではない。一九九四年、住宅専門金融機関が膨大な焦げ付きをつくって、日本経済全体に大きな影響を与えるといわれたさいにも、ビジネス・コンサルタントの大前研一氏が、東京大学など国立大学や大蔵省の都心にある宿舎を売却すれば、住専問題は解決すると発言して注目された。

一九九七年に橋本政権の緊縮財政や金融危機で景気が腰折れすると、税金が払えなくなった企業や個人が「物納」を行なった。また、当時、政府は長期化する不況のなかで、地価下落を阻止するために不動産の購入策を採っていた。そのため、国有財産が急速に増加したが、何を思ったかある著名な経済学者は、こうした国有資産を売って国債償還にあてるべきだといいだした。読売新聞などは、こうした説を真に受けたのか、おおざっぱな計算をして売却できる国有資産は一〇〇兆円あると同紙上で煽ったものだった。

しかし、本当にこのとき国有財産を一〇〇兆円売却したら、ただでさえデフレが続いていた日本経済は、さらに地価下落や物価下落が加速し、せっかくの国有財産は単に国民の生活を圧迫するために使われることになっただろう。

現在も同じような状況に日本は追い込まれている。このような不況のなかで、国有財産を売却するのは、不況を加速するという意味でも、また、安く買い叩かれてしまうという意味でも、まったくの愚行といえる。

そもそも、日本政府が巨大な財政累積赤字を抱えながら、なんとか国債を発行していられる最大の根拠が、日本はかなり大きな国有財産を持っているという事実である。ことに金融資産は多く、国債を引き受けている国内の金融機関や個人投資家は、こうした資産を考慮に入れながら判断している。もし、日本政府が次々と国有財産を売却し、金融資産をリスクの高い投資にあてるようなことになれば、「ホーム・バイアス」、つまり日本の国債への信頼があるといわれる金融機関や投資家の心理も大きく変わってしまうだろう。

六兆円を国債償還しても、不況からは脱出できない

興味深いのは、埋蔵金を掘り出した本人である髙橋氏が、それでは景気回復のために、それ

をどう使うべきだと思っているかである。髙橋氏は、この点は当初よりの原則を守って、国債償還すべきだというのだ。

最近の発言によれば、髙橋氏は埋蔵金のうち六兆円を使って、市場から国債を買い戻すべきだと主張している。国債を買い戻せば長期金利が下がるから、これはいまの日本経済が上昇するのにプラスに働くというわけである。

しかし、考えてもみよう。日本の財投債および国債の発行残高は六七四兆円を超えている。このうち六兆円が償還されたからといって、どれだけの金利引き下げ効果があるだろうか。日本政府がマスコミを通じて国民および市場に向かって「これから六兆円の国債償還をします」といえば、少しは金利が下がるかもしれない。だが、それは長くは続かないだろう。

結局、これからやってくる本格的な不況に対しては、財政政策や金融政策を精一杯試みるほかない。アメリカがいまどのように景気後退と戦っているかを見れば、それほど多くの効果的な手口があるわけではないことがわかる。日本には「埋蔵金」があるから、この世界的不況から脱出できるなどとは、髙橋氏ですらいっていないのである。

デタラメ8　非正規雇用を規制すると日本経済は活力を失う

有名大手企業の偽装請負が問題視される

最近は、かなり是正されたといわれるが、日本の有名企業による請負労働者に対する不当な処遇が報道されて衝撃を与えた。

請負労働者とは、労働請負会社を介して働いているいわば一時雇いの労働者だ。そうした請負労働者には正規社員のような働かせ方をしてはいけない。もし、請負労働者を正規社員が教育して働かせれば、これは「偽装請負」ということになって違法である。請負労働の場合、各種の保障がいらないので、企業は雇用コストを削減できるが、これを規制しないと、労働者の使い捨てが蔓延してしまう。

ある有名企業などは、日本的経営を守り終身雇用を維持していることで評価が高く、同社の会長自身もそう語って胸を張ってきた。ところが実際には、いくつもの事業所で請負労働者に教育して正規社員と同様に働かせていたことが発覚し、行政指導を受けたのである。

問題が表面化すると、この企業の対応は素早く、請負労働者との労働契約を派遣社員に切り替え、一部を契約社員にするなどの手を打った。また、会長自身も二〇〇六年八月に現状を見直すと発言していた。ここまでは、まだ誠意ある対応だったといえるかもしれない。

ところが、同年一〇月になると、この会長は「法律が企業にとって厳しすぎる内容になっている」といいだす。しかも、その発言を経済財政諮問会議で行なったのだ。同会議は日本経済の問題を議論する場であって、自社の都合で労働制度改変を提案する場ではない。もしそうだというなら、会議には労働側の議員も入れなければならないことになる。

こうした一連の「偽装請負」事件は、多くの経営者が自社の雇用のあり方を再検討するきっかけとなったが、同時に、この程度のことで行政指導を受けていては、とてもいまの経済状況のなかで勝ち抜けないとの声も高まった。グローバル化が進む世界経済のなかで競争力を維持するには、やはり安い労働力が必要だというのだ。

非正規雇用の拡大は所得格差を拡大し消費を下落させる

たしかに、請負労働者、派遣社員、アルバイト、パートなどの「非正規雇用」を多く採用すれば、労働コストが低下するので企業の労働生産性は向上する。グローバリズムのなかで、他国の企業と競争するには、こうするしかないといいたくなるのもわからないでもない。

ことにアメリカにおいては、一九八〇年代から労働組合の退潮も手伝って、新自由主義的な思想に基づく経営が蔓延した。政府による介入などはいっさい排して、企業は利益だけを追求し、社会的な問題は政治に委ねればいいというわけだ。

これはシカゴ大学を中心に活躍した市場原理主義の経済学者ミルトン・フリードマンの影響が大きかったが、同時に、労働者の待遇を低賃金、低保障に抑えて、高い労働生産性を達成しようとする「アメリカ南部型経済」が、アメリカ全土に広がり、それが世界の経営モデルとなったことが決定的だったといえる。

この方式は、国民の消費意欲が衰えず、常に新しい移民が入り込み、彼らが安い賃金に甘んじるアメリカのような国においては、ある程度の妥当性があったかもしれない。しかし、これを日本が採用すると、まず、消費意欲を下落させることになった。

消費意欲はそのときの所得だけでなく、将来的に自分が得られると予想する所得によって生まれる。これまでのアメリカのように、常に人々を消費に駆り立てる「バイ・ナウ、ペイ・レイト」社会ならば、そう簡単に消費を下落させるということはないかもしれない。

しかし、日本国民は一九九〇年のバブル崩壊以来、将来への予想がきわめて悲観的になっている。非正規雇用の拡大は、当面は大手企業の労働生産性を上昇させたが、その悪影響はすぐに日本全体の消費意欲の下落となって表れた。

それだけではない。非正規雇用の拡大は、とくに若者たちの所得格差を広げて、これから経済において活躍すべき世代に将来を悲観的に捉えさせて、活力を奪ってしまう結果となっているのである。

社員教育によって競争力をつけた日本企業の終焉

しかも、非正規雇用の場合、長期的に同じ会社に留まるとの予想がつかないため、一定以上の社員教育は行なわれないことになる。すでに「日本的雇用」は崩壊したといわれ、「成果主義」が広まったといわれる日本企業だが、社員の教育が充実していない企業が長期的に競争力を維持することはできない。

かつて、日本企業はＯＪＴ（オン・ザ・ジョブ・トレーニング）、つまり実地での教育に優れているので社員の質が高まり、企業にも競争力がついたといわれた。これは、ブルーカラーのみならず、ホワイトカラーにおいても重要なファクターだった。

日本の企業組織は、トップがリーダーシップで引っぱるというよりは、現場からの積み上げを重視してきた。現場の意見を中間管理職がすくいあげて、トップの経営決断に反映させる傾向が強かったのである。

これも最近は、アメリカ型コーポレート・ガバナンス（企業統治）が持て囃《はや》された結果、アメリカ型のトップダウン型経営が定着してきたなどといわれる。しかし、組織というものが文化に強く根ざしているかぎり、こうした意思決定プロセスは、そう簡単に変わるものではない。現場からの積み上げを重視することによって、トップの意思決定に結びつけるというやり方は、いまも多くの日本企業にみられる。

非正規雇用の増加は、こうした日本企業における競争力を生み出してきた組織文化に、大きな打撃を与えるものといえる。非正規雇用の社員は、必ずしもその企業に忠誠心を持っていない。何か問題に気がついても、それを企業のために報告するということは望めないのだ。やがて日本の企業の強さとされた組織内の現場教育もすたれて、表面的にはアメリカ型に見えるが、その実、何の強さも持たない組織に落ち込んでいくだろう。

非正規雇用は実は労働生産性も上昇させていない

非正規雇用経営の推進者にとって打撃だったのは、二〇〇八年の『労働経済白書』が、非正規雇用が増加しているにもかかわらず、実際の労働生産性はそれほど上昇していないと指摘したことだった。非正規社員は一九八五年の時点では全体の一六・四%にすぎなかった。ところが二〇〇〇年に二六・〇%に達し、二〇〇七年には三三・五%にまで上昇。すでに労働者の三人に一人は非正規雇用なのである。

正社員に比べて給料が安く、各種の保障もない労働者を増加させたのだから、企業は労務コストを削減できるのは当然だ。事実、一九九〇年代から二〇〇〇年代にかけて、製造業の労働生産性上昇率は二・三％から四・五％に伸びている。

しかし、同白書によれば、この製造業の「生産性の高い伸びは就業者の削減により実現」したもので、「持続性をもった生産性の向上としては評価しがたい」という。正規雇用を削減した製造業では生産性が向上したが、非正規雇用が増えたサービス業では生産性が下落してしまったのである。

労働力の配置もうまくいっていない。労働生産性の高い産業は労働人員が減り、生産性の低い産業に人員が流れている。「労働生産性の高い分野が人員を削減し、労働生産性を高めたものの、社会全体でみれば、高生産性分野の構成比が低下し、労働力配置の観点からは、労働生産性の低下に寄与している」というわけである。

もちろん、製造業の立場からすれば、サービス業の生産性下落まで配慮していられないというだろう。しかし、社会全体の労働生産性を考えた場合には、日本にとってまったく損なのだ。しかも、長期的に考えた場合、社会全体でみた場合のマイナスがさらに大きくなっていく。そろそろ、長期でも思考し、社会的要素も考えて、企業は利益さえ上げればいいという、アメリカ発の強欲な経営哲学を考え直すべき時期ではないだろうか。

デタラメ9 時価会計が緩和されてこれからは会計不正が増える

アメリカと世界は時価会計を停止した

ついに、時価会計が、二〇〇八年一〇月にアメリカの証券取引委員会によって緩和され、さらに、同月の財務相・中央銀行総裁会議（G7）でも一時停止を是認する方向となった。

これはいまの状態からすれば当然のことといえるだろう。時価主義が適用されるデリバティブ（金融派生商品）や有価証券は、好況のときには価値が上昇して、見かけの資産を急速に拡大するが、不況期には価値が下落して、経営状況を実態よりはるかに悪く見せてしまうからだ。いまでも、このことにピンとこない人がいれば、それはこれまでの日本での某経済紙による時価会計キャンペーンに毒されているからである。

二〇〇一年九月から日本の会計基準に採用された「時価会計」は、あたかも日本経済の正常化のために必要不可欠であるかのように喧伝《けんでん》された。企業の「実態」を情報公開して経営を健全化するために絶対必要であり、遵守することが国際公約だとすらいわれていた。しかし、それまで原価会計だった国が時価会計に転換すれば、いかに多くの問題が生じるかはあきらかだった。

資産が時価で評価されることになれば、取得したさいに高くとも、いま安くなっている資産には含み損が出てしまう。日本のように長期不況に喘《あえ》ぐ国が時価会計を採用すれば、巨額の損失が一気に出てしまい、潰れなくてもよい多くの企業が破綻してしまうのだ。ルーズベルト大統領が就任してすぐに取り掛かったことは時価会計の凍結だったし、高橋是清が大蔵大臣に就任して行なったことも国債への時価主義適用の停止だった。

ところが、日本公認会計士協会や会計学専門家、さらには某経済紙などが、世界の会計は時価会計だから、それに合わせないのは時代に逆行しているという説を盛んに繰り返し、日本国民はいつの間にか、時価会計にしなければ立ち直れないように思い込まされた。某経済紙などは、アメリカ会計基準と国際会計基準を混同して報道しただけでなく、アメリカ会計基準があたかも時価主義であるかのように論じたものだった。

しかし、アメリカ会計基準とヨーロッパが中心になって作られた国際会計基準はまったく異なっていただけではない。アメリカ会計基準は伝統的に原価主義であり、デリバティブや有価証券についてのみ時価主義を適用したにすぎなかった。日本の時価会計ブームは誤報と誤解から成り立っていたのである。

不況期に時価会計を採用した日本は不思議な国

時価会計を用いた場合に不況期の企業にかかる負担は大きなもので、その停止や見直しが提案されたことも一度や二度ではなかった。ところが、小泉政権でいくつもの大臣を歴任して経済政策に絶大な影響力を持ったある経済学者は、時価会計を続けることが当然のことだと信じ込んでいたらしい。後に書いた彼の回想録のなかで、初めてこうした見直し論を聞いたとき、「冗談を言っているのではないかと思った」と記している。

それでは、いまのアメリカのバーナンキ連邦準備制度理事会議長、ポールソン財務長官、コックスSEC委員長は、そろって冗談をいっているのだろうか。さらに、財務相・中央銀行総裁会議の出席者もそうなのだろうか。もちろんそうではない。

時価会計については、時価会計の専門家として、その導入に反対しつづけた神奈川大学教授・田中弘氏の孤軍奮闘ぶりが特記に値する。田中氏は『時価主義を考える［第3版］』（中央経済社）、『時価会計不況』（新潮新書）、『不思議の国の会計学』（税務経理協会）など一連の著作で、時価会計には多くの欠点があり、むしろ多くの不正の温床となりやすいだけでなく、不況期の導入は日本経済をさらなる停滞に導くと早い時期から指摘してきた。

たとえば、デリバティブなどは、宇宙工学に使われるような高度な数学によって作られる。その最先端で活躍している人たちは「ロケット・サイエンティスト」などと呼ばれて、素人にはデリバティブの時価が計算できない。

そこで、ロケット・サイエンティストたちは、関係者の数学的無知をよいことに、財務諸表の穴を埋めるための手段として、企業にデリバティブを売りつけてきた。また、保有資産が下落しても、ほんの一部を意図的に高く売ってその価格を「時価」ということにしてしまい、そのことで資産の目減りをごまかすという簡単な手口もあった。

また、デリバティブや有価証券を時価で評価すると、景気がよいときには時価がどんどん上昇するので、財務諸表が企業の実態以上にすばらしく見えるために、景気を加速する方向に働く。しかし、いったん景気が悪くなれば、デリバティブも有価証券も時価が急速に下落するので、企業の評価は実態以上に急激に下がり、また、経済全体も冷え込ませる危険が大いにあるわけだ。

無理な時価会計の導入で生まれた「シンデレラ会計」

すでに述べたように、今回、欧米を中心に時価会計を緩和することになったのは、保有しているデリバティブや有価証券が時価では、破綻する企業が続出することが明らかだったからだ。ことにデリバティブやその他の金融商品を大量に抱えるアメリカの投資銀行などは、このままでは跡形もなく消滅してしまうことになっただろう。

実は、不況に苦しむ日本では、時価会計を会計基準では受け入れたが、商法においては選択の問題とした。つまり、法律上は適用しなくてもよいことにして、危機を切り抜けようとしたわけである。そのため、珍妙なテクニックが登場することになった。三月三一日には時価会計で決算するが、翌日の四月一日には「洗いなおして」取得原価会計で計算しなおし、財務諸表の毀損から生じる破綻を回避したのである。

たった一晩の時価会計だったので、前出の田中氏は「シンデレラ会計」と呼んだ。こうでもしなければ、長期不況で資産の価値が下落していた日本企業は、つぎつぎと破綻していったことだろう。そうでなくとも、時価会計が導入されるというので、慌てて安くなった資産を無理やり売却してしまい、かえって経営に支障が生まれて破綻した企業も少なくなかったのである。

もともと、時価会計はインフレ期に資産を正確に表示することを目指して考え出された。しかし、時価会計を徹底しようという試みは、何を基準に「時価」とするかによって混乱をきたし、また、不況期になると企業の実態を正確に公開するよりは、経営そのものを破壊してしまうので、これまで何度も挫折してきたというのが歴史が示すところだ。時価主義に大きな影響を受けているヨーロッパの国際会計基準ですら、今回の不況が深刻化することで、時価主義の適用を緩和すると決定している。

私はもっと多くの人が田中氏の著作に触れて、日本がいかに愚かなことをしているかを知ってもらいたいと思って紹介につとめたが、私の力などでどうにかなるものでもなかった。しかし、田中氏の著作を読んだ人は日本の愚行を明確に認識できたのであり、時価主義を振り回して企業から手数料をふんだくっていた会計士やコンサルタントなどの言動が、まったく恥知らずな行為でしかなかったことも理解できたはずなのだ。

デタラメ10 日本企業の停滞は株主重視の姿勢が足りないから

株主重視の経営は、アメリカでも新しい現象

村上世彰氏の村上ファンドが急速に成長し、M&A（企業合併・買収）が日本経済活性化の切り札のように称賛されたのは、まだ記憶に新しい。その後、村上氏は逮捕され、サブプライム問題が顕在化して世界的に資金の回りが悪くなると、日本国内のM&Aもあっという間に低調になってしまった。

村上氏がターゲットとした企業に株価の吊り上げを要求したさいに理由にしたのも、また、M&Aを推奨する金融機関やコンサルタントが錦の御旗にしたのも、「会社は株主のものであり株価を高くするのが経営者の任務だ」というタテマエだった。これはアメリカなどでは常識であり、いまや世界の常識なのだといわれたものだ。

しかし、企業は株主のものだといわれるようになったのは、アメリカですらそれほど昔のことではない。大きな転機となったのは、一九七七年のカリフォルニア州における商法改正だと

いわれるから、ほんの三〇年ほどのことなのである。

アメリカにおいても、実は、経営の理念は大きく変化を遂げた。アメリカ会計基準に反映した経営理念の変化を追跡した研究によれば、一九世紀においては融資した銀行の権利が大きく、二〇世紀に入ると経営者が有利になり、一九三〇年代になると株主への配当が高まった。この傾向は、一九五〇年代になると再び経営者が優位に変わり、アメリカの製造業は未曾有の繁栄をきわめることになる。

一九八〇年代になって、アメリカの経営が急速に株主優位に傾斜していくなかで、経営学者ドラッカーは「私は企業というものが株主のものだとは思わない」と著作に書いた。彼はアメリカの製造業を愛していたし、企業組織の発展こそが、資本主義の発展だと信じて疑わなかったからである。

アメリカ型コーポレート・ガバナンスの崩壊

一九九〇年ごろまで、日本でも製造業が繁栄をきわめ、「日本的経営」と呼ばれる経営者優位の経営が続いていたが、バブルが崩壊すると急激にアメリカ型コーポレート・ガバナンスが高く評価されるようになった。ある日本人経営者などは、アメリカ型企業統治を広める協会をつくって、日本企業をアメリカ型にシフトさせようとした。

このとき、アメリカで繁栄をきわめていた経営法とは、株価をすべての評価の基準にするものだった。企業は市場において株価で将来性を評価されるから、経営者の仕事は株価を高くすることだというわけだ。

この仕事を積極的に行なうために、経営陣にはストック・オプションの権利を与えて、株価が上昇すれば本人たちも儲けられるようにする。取締役会は株主の代表として経営陣を監視して、不正や行き過ぎがないようにすればよい。

また、社員にも確定拠出型年金をすすめて、年金資金を自社株で運用できるようにすれば、彼らも自社株が上昇するために努力するようになる。さらに、株価を判断するデータが正しく市場に公開されていることを確かめるために、会計事務所が厳密なチェックを遂行すれば、投資家たちは正しい企業評価ができるようになる。

これがアメリカ型コーポレート・ガバナンスであり、株価だけが基準なので「株高経営」と呼ばれ、経営陣も社員も自社株に煽られるので「ニンジン経営」とも揶揄《やゆ》された。完璧なようにみえたが、取締役会が経営者の仲間で占められるようになり、会計事務所が企業の経営陣と結託するようになったため、IT（情報技術）バブルが崩壊すると、「エンロン事件」に代表される会計スキャンダルが噴出して、アメリカ型経営の危機だといわれた。

株価を吊り上げれば乗っ取り屋も評価されるのか

一九八〇年代のアメリカでは、株価高を振りかざす企業乗っ取り屋（レイダー）や株式の利《り》鞘《ざや》取り屋（グリーンメーラー）が跳梁跋扈《ちょうりょうばっこ》した。二〇〇〇年代になると日本でも前出の村上ファンドやホリエモンが登場するが、それはアメリカの真似でしかなかったのだ。

レイダーやグリーンメーラーが乗り込んでくると、企業はムダをはぶいて株価を上げようとするから、産業は効率的になり経済全体も活性化するなどといわれる。しかし、一九八七年、後に財務長官となる経済学者ローレンス・サマーズは若手経済学者アンドレイ・シュレイファーと『敵対的買収の背任』を書いて、こうした単純な見解に対し異議を申し立てた。

ここでサマーズたちは、まず、乗っ取り屋ブーン・ピケンズのプレイトー石油買収を取り上げている。このケースでは、一万人の労働者が解雇されたにもかかわらず、すぐに同じ賃金レベルで再雇用された。プレイトー石油は多くの取引を取り消されたが、すぐに別の取引先を見つけ、しかも、株価が二五％も上昇した。何もかもうまくいったように見えたのだ。

しかし、乗っ取り屋フランク・ロレンゾが行なったディレクション航空の買収では、株価が二五％上がった点は同じだが、会社に残った社員の給料は三〇％カットされ、辞めさせられた社員の五〇％以上が、新しい仕事を見つけることができなかった。しかも、ロレンゾは、航空路線整理などの効率化はさっぱり行なわなかった。

もうひとつの例が、カール・アイカーンによるUSZ社の買収だ。このときも株価だけは二五%上昇したが、彼は旧経営陣をクビにし、高い給料を取っていた社員たちを解雇している。さらに、いくつかの小都市で経済を支えていた工場を次々に閉鎖していった。

「これら三つの例はすべて、ターゲットにされた企業の株価を吊り上げて、株主には利益をもたらした。しかし、これら三つの社会的な結果は、まるで違っていた」というのがサマーズたちの結論だった。

株高経営ではR&Dがおろそかになる

あきれたことに、小泉政権時代に経済産業省が作成した『企業価値報告書』では、このサマーズたちの論文を取り上げていながら、ピケンズの例だけを紹介して乗っ取り屋たちにも存在意義があるかのように書いている。何が何でも株高経営とM&Aが正しいというための目くらましだが、これでは日本国民を欺く行為であって、まさに、日本国民に対する「背任」だろう。

しかも、株価をすべての基準とする株高経営は、しばしば暴走してバブルを生み出し、産業のモラルを下落させるだけではない。株価を吊り上げるために配当を高くし、R&D（研究開発）費を削減してしまうので、技術開発力が急速に低下していく場合が多いのだ。

典型的なのが、日本でも尊敬を集めているジャック・ウェルチ時代のGE（ゼネラル・エレクトリック）社だろう。ウェルチは停滞した製造業部門を売り払い、有望な金融会社の買収を繰り返し、R&D費を抑えて配当を多くし、徹底的に株高経営を行なった。その結果、彼が同社の会長を退くときには、技術開発力が低い「巨大なノンバンク」となり、おそらく株価は三倍以上の過大評価を受けているといわれた。

ウェルチが去ったあと、会長に就任したイメルトが始めたことは、野放図に買収したノンバンク部門の整理と、製造業部門の技術開発力の強化だった。それでもITバブルが崩壊すると、株価はピーク時の約四割まで下落し、かつての七割まで回復したのは最近のことである。現在は本当にピーク時の約三分の一になってしまった。

アメリカの場合には、国内に次々とベンチャー企業が誕生して技術革新を生み出してきた。大企業はこうしたベンチャー企業を買収して、技術革新の成果を手にした。しかし、日本の場合は、R&D費を多くかけている製造業のなかから、新しい技術が生まれることが多く、この点からみても株価だけを基準にする経営は日本の産業形態には合わない。

ましてや、「株主の重視」をタテマエとする企業売買ゲームが、何かすばらしい成果をもたらすと考えるのは、何の根拠もない妄想だといえる。

デタラメ11 日本は民営化が遅れたので経済が活性化しない

民営化論と「小さな政府」論の異常な流行

一九九〇年代、先進諸国が広範な分野で事業の民営化を進めたのに、日本は長期不況だったためにできなかった。それが二〇〇〇年代になっての経済停滞の原因になっている——というのが、小泉政権になって急激に民営化を推進することになったモチーフといえる。しかし、これは完全に錯覚にすぎない。

たしかに、一九八〇年代にはサッチャー改革による英国の民営化が進み、アメリカではレーガン革命といわれる規制緩和が進んで、それが先進諸国に広がった。しかし、一九九〇年代も後半になると、民営化と規制緩和はすでに反省の時期を迎えていたのである。

日本には、もうひとつ大きな圧力があった。いわゆる「構造改革」への圧力だった。これは、一九八九年から九〇年にかけての日米構造協議に始まるもので、初めはアメリカの巨大な貿易赤字を解消することが目的だった。

しかし、アメリカの貿易赤字は、同国の財政赤字と貯蓄率の低下によって生じる国際マクロ経済的な現象であって、日本側が流通を合理化したり系列を解消したりしても、この巨大な貿易赤字には何の影響もなかった。

この日米構造協議で、アメリカ側の文書を作成していたグレン・フクシマが後に述べたように、協議に携わっていたアメリカ人の多くは、日本が要求をのんだとしても貿易赤字が減らないことは知っていた。彼らは父ブッシュ政権の米国民向けアピールのために、日本側の代表たちをどやしつけていただけなのである。

ところが、一九九三年の宮澤・クリントン会談による日米包括協議に基づき翌年から始まった『年次改革要望書』は、項目をみればほとんど日米構造協議と同じことが列記されていたにもかかわらず、目的はすでに変わっていた。

アメリカ側はバブル崩壊によって後退した日本経済を恐れることはなくなっていた。『要望書』では、アメリカ企業が日本国内でM&Aを円滑に実行できるようにすることや、郵政の簡易保険のすみやかな解体など、アメリカ国内の産業の要求が露骨に反映されるようになっていたのである。

フクシマの言葉を使えば、これは日本をアメリカのような市場主義的な社会にする「日本のアメリカ化」にほかならなかった。国内の民営化への強迫観念的な雰囲気と、アメリカの不当な圧力が、あれほど日本を混乱させた「規制緩和」と「構造改革」の背景だったのである。

すでに株式公開が「改革」の条件ではなくなっていた

一九九〇年代の後半から、民営化の本家である英国では、過度な民営化の弊害が多くなっていた。メジャー政権時代になると、国営企業の民営化は休止状態になり、官と民の協働であるPFI（パブリック・フィナンシャル・イニシアティブ）に変わった。ブレア政権時代にはPPP（パブリック・プライベート・パートナーシップ）が提案され、何が何でも民営化して株式上場を行なうというやり方は止めて、官の施設を民が経営する方法や、官の資金で民が建設・運営を行なうなど、多様な改革方法が考えられるようになっていった。

これは急激な民営化が、必ずしも、経済の活性化につながらないことを経験したためだった。とくに、施設や資産を株式公開によって民間に移転してしまう完全民営化は、株式売却の時期が短いと安く手放す結果となることが明らかになった。また、民営化しても独占が続いていれば競争は起こらず、かえって政府のコントロールが利かない、巨大独占企業が誕生することにも気がついていたのである。

こうした英国での教訓を振り返ることもなく、日本の「改革」は資産の所有移転を目指す完全民営化が絶対的であるかのように主張された。たとえば、道路公団の民営化を提案した「民営化推進委員会」は、公団の高速道路を含む資産を、株式公開してすべて民間に売却してしまうことを主張した。もしも委員会の主張がそのまま実現していたら、世界でもまったく例のない国有幹線道路の民間売却が実現してしまっていただろう。

市場化テストは英国ではすでに廃止されていた

小泉政権の「規制改革・民間開放推進会議」は、市場化テストを行なえば「価格・質の両面で最も優れた者が、そのサービスの提供を担っていく」ことになり、「小さくて効率的な政府」が実現し、しかも、この仕組みは海外で成功しているのだと宣伝した。

しかし、英国ではサッチャー政権時代、地方政府にCCT（強制競争入札）が採用されたが、ブレア政権時代になると廃止されている。廃止されたのは評判が悪いだけでなく、うまく機能しなかったからだ。中央政府に強制されたのでは自治の意味がなくなり、テストに勝つためのダンピング入札が相次ぎ、むしろ公共サービスが低下する事態を招いた。

しかも、サッチャー政権のCCTを細かく検討していくと、そのほとんどは「日本においては、すでに民間企業に対して民間委託が進んでいるような領域」であると、この分野の専門家も指摘している。つまり、日本の中央政府や自治体はすでに、かなりの程度アウトソーシング（外注）によって「民営化」していたのである。

アメリカでは一九六六年に通達「A-76」で市場化テストを実施可能にした。このA-76を用いて役所の仕事を民間に回そうということになったのは一九九〇年代で、本格化するのはブッシュ息子政権になってからだった。しかも、実施されたケースのほとんどが、奇妙なことに国防総省に集中していた。

実はこれは、冷戦時代に肥大化した国防総省が、民間へのアウトソーシングを推奨したからだった。イラク戦争に至る過程でも、問題の多い民間軍事会社への軍事委託を進めるさいに、この仕組みが使われた。「こうした国防の民営化への情熱は、国民の安全のために生じたというよりも、そのほとんどは商売目的やロビー活動によって掻《か》き立てられてきた」と、あるアメリカの研究者は指摘している。

こうした市場化テストを、なぜ無理やり日本で実行しなくてはならなかったのか。公表された「規制改革・民間開放推進会議」への「市場化テストの要望」で件数がいちばん目立つのは、日本経済団体連合会であるのは当然としても、次に目立つのがリース事業協会だというのは不自然すぎた。同推進会議議長はすでにリース事業協会会長は退いていたが、彼が会長を務める企業はリース事業の雄であり、業界への利益誘導だったといわれても仕方あるまい。

郵政の「民営化」は惨憺たる失敗に終わりつつある

小泉政権が「改革の本丸」と称したのが郵政の「民営化」だった。周知のように郵政民営化は参議院で否決されながら、衆議院選挙に打って出るという奇策によって実現した。しかし、民営化された郵政は、いまや惨憺《さんたん》たる状態に陥っている。

二〇〇八年五月に持株会社の日本郵政が発表した最初の半期決算では、政府に提出した承継計画が二一五〇億円の純利益を予定し、二七七二億円の純利益を出したと報道された。しかし、当初の承継計画では、二九七〇億円の純利益が想定されており、しかも年賀状の収益があった半期でこの成績では、今後の業績は悲観的にならざるをえない。

無理な分割を行なったために、郵便局では窓口で収益が上がるたびに、いちいち「郵政」「ゆうちょ」「かんぽ」に仕分けして入力しなければならなくなった。しかも、顔なじみの客でも身分証明をさせることが義務づけられたので、それまで「常連」だった高齢者の多くは郵便局の長椅子から姿を消してしまった。

また、七月に発表された「業務区分収支」によると、あれほど民間を圧迫すると批判されていた「ゆうパック」が五億一一〇〇万円の赤字を計上して、回復の見込みが立たなくなっている。煩雑になった業務のために、それまで自ら「ゆうパック」の収集に出向いていた局長たちが動けなくなり、契約を返上するケースが増えているからだ。

さらに、全国の郵便局長たちは将来への不安を持つようになり、この三年で四割近くが辞めたと推定される。そこで全国郵便局長会が局長アンケートを取ると、惨憺たる現状が浮かび上がった。モチベーションの低下は当然のことながら、「ときどき辞めたいと思う」が五一・五%、「早く辞めたい」が二四・五%で、七割半以上が退職したがっていたのである。

ちなみに、世界の郵政民営化の模範とされていたドイツ・ポストがいまや破綻状態となり、虎の子の金融部門ポスト・バンクを売却し、その売却益で経営を立て直そうとしている。日本の郵政が民営化される以前から、世界中の郵政民営化が失敗していることは報道されていた。そのなかで唯一成功例とされていたドイツ・ポストも失敗したのだ。

郵政の民営化は、無理をして断行すべきものではなかった。そしてまた、民営化すれば、その事業が活性化されるという主張には、何の根拠もないのである。

デタラメ12 日本は「大きな政府」だから経済が停滞している

政府の大きさを示す指標は何なのか

すでに述べたように、一九九〇年にバブルが崩壊して以来、十数年にわたって構造改革が唱えられ、「小さな政府」にすべきだという主張がなされてきた。ことに二〇〇一年に小泉政権が成立してからは、大声で「小さな政府」が唱え続けられてきたといってよい。しかし、この「小さな政府」とは、いったい何を基準にして小さいというのだろうか。

小泉政権は公共投資を削減することを公約として謳《うた》い、事実、公共投資は削減に成功したといえるかもしれない。一九九六年には対GDP比で六・〇%に達していた公共投資は、二〇〇五年には三・六%にまで低下した。しかし、公共投資の多寡によって政府が大きいか小さいかを決めることはできない。なぜなら、政府が支出するお金は、けっして公共投資だけではないからだ。

政府が支出するお金の総額は、普通、「一般政府総支出」といわれる。この一般政府総支出は、対GDP比で一九九六年には三六・四％、いっぽう二〇〇五年にも三六・四％。鳴り物入りで小泉改革が小さな政府を唱えたにもかかわらず、政府が使う全体のお金の規模は、以前とほとんど変わらなかったのだ。

もう少し詳しくみてみよう。そもそも小泉政権の財政改革には「盲点」があった。小泉首相は繰り返し公共投資の削減を唱え、公共投資は多少削減したが、公共投資以外の政府が使うお金の総量は、日本経済が縮小しているのに逆に増加していたのである。

一般政府総支出から公共投資などを除外した「政府最終消費支出」は、一九九九年度が八三兆三六五〇億円、二〇〇一年度が八六兆九四六〇億円、二〇〇二年度が八九兆六〇〇〇億円、二〇〇三年度が九一兆二〇〇〇億円で、ここには財政改革など影も形もない。国民の注目を公共投資に集めて、いかにも改革が進んでいるように見せたのは子供騙《だま》しにすぎなかった。

パチンコは止めても、赤提灯に前より頻繁に通う

二〇〇三年の自民党総裁選のさい、演説で小泉氏は「私はよく『小泉内閣は財政再建優先で緊縮路線ではないか』という批判を浴びております。税収が四二兆円しかないなかで、今年度は三六兆円もの国債を発行しております。……私は、どこをみてこれが緊縮路線なのか、財政再建優先なのか、これにはまったく理解に苦しんでおります」と声を張り上げている。

しかし、理解に苦しむのはこちらのほうだった。実は、ここで小泉元首相は、自分の財政政策の破綻を事実上認め、しかも居直っていたのだ。さすがに、二〇〇四年度の「一般歳出」（政府消費、公共投資、社会保障費などからなる）は前年度より抑制するなどと強調したが、実際には、〇・一％の増加になっている。

かつて内閣府は、ホームページに「ここまで進んだ小泉改革」を掲載していて、全部で一八もの項目があった。その第一五番目の「行財政改革」を開けてみても、「財政構造改革の成果」は見つからなかった。すでにこの時点で、内閣府ですら小泉改革の財政改革は、看板倒れだったことを認めていたのである。

財政改革で「小さな政府」を目指すとしておきながら、公共投資だけは削減したが、それ以外の支出は増えたわけだ。たとえていえば、今日から節約のためパチンコはやりませんといいながら、赤提灯に前より頻繁に通って散財し、居直っていたようなものだろう。

対GDP比一般政府総支出も公務員の対人口比も最低の部類

では、日本という国は一般政府総支出が多いので、「大きな政府」といえるのだろうか。とんでもない！　現実はまったく逆で、対GDP比の一般政府総支出は、先進諸国で最も少ない部類に入る。この意味では、日本は「小さな政府」といえるのである。

先ほどの数字をもう一度挙げるが、日本の二〇〇五年の一般政府総支出は、対GDP比で三六・四%。いっぽう、アメリカが二〇〇四年の数字で三六・四%と同じ数値だ。さらに、英国が二〇〇五年で四四・九%、ドイツが二〇〇五年で四六・八%、フランスが二〇〇五年で五三・九%、スウェーデンが二〇〇五年で五六・三%ということで、日本はアメリカと並んで先進諸国できわめて少ない部類に入る。

もうひとつ、その政府が大きいか小さいかを比較するための指標がある。それは国家公務員と地方公務員を和した総公務員数を比較することだ。小泉政権は、さかんに公務員削減を主張していたが、日本の公務員はそんなに多かったのだろうか。結論を先にいうと、先進国のなかで、この数値も最も少ない部類に入る。

念のために繰り返し述べておくと、総務省が作成した「人口千人当たりの公的部門における職員数の国際比較（未定稿）」によれば、日本は二〇〇一年で三五・一人、ドイツは五八・四人、アメリカが八〇・六人、英国が七三・〇人、フランスが九六・三人というわけで、公務員数からみても、すでに日本は「小さな政府」だった。もちろん、これらは政府企業職員、つまり独立行政法人や特殊法人の職員を含んだ数値である。

郵政を民営化すると「小さな政府」になるという欺瞞

竹中平蔵元郵政民営化担当相は、二〇〇五年の郵政選挙直前に刊行した『郵政民営化』（PHP研究所）でも、「小さな政府」を強調したものだった。竹中氏によれば、郵政民営化に反対するのは社会主義であり、「小さな政府」を実現するには、郵政の民営化を行なって公務員の数を二十数万人減らさねばならないと主張していた。

しかし、すでにみたように、公務員は人口比でみて先進諸国中で最も少ない日本が、なぜこれほどの削減を行なわねばならないのだろうか。さらに小泉内閣は同年五月に「公務員を五年で一〇％削減する」といいだした。理由としてはこれから少子化が急速に進むからというのだが、人口の減少は五〇年で約二割といわれている。となれば、いくらなんでも五年で一〇％はやりすぎだろう。むしろ、公務員が少なすぎて行政が機能しなくなるのではないだろうか。

郵政民営化で公務員を減らすというプランについては、ある自民党幹部からクレームがついた。「すでに公社化の時点で郵政職員は公務員から外してあるから、郵政が民営化されても公務員の比率は減らないのではないか」というのだ。竹中大臣はそんなことも知らないのか、という口調でいわれたので、その場が大いに白けたといわれる。

郵政はずっと独立採算制だったので、職員の身分は公務員だったが、給料は税金から出ていなかった。したがって、郵政を民営化したからといって、公務員に払う給料は減らない。公務員の見かけの数が減るだけなのだ。日本の「小さな政府」論は、すでに政府は十分に小さいという現実があるため、しばしば、欺瞞《ぎまん》だらけのものとなるのである。

こうしてみると、日本経済の停滞と公務員数の間には、なんら関係がないということになる。むしろ、あまり少ないので多くの障害が生まれ、それが経済停滞につながったと考えたほうが、よほど筋が通っているかもしれない。

デタラメ13 公務員が多いせいで日本経済はだめになった

日本の公務員の数は、どこからみても少ない

公務員が引き起こしたトラブルが目立つので、政治家が「公務員は減らす」などと発言すると、賛同したくなってしまう。しかし、最近官庁でのトラブルが「多い」ということと、日本の公務員が「多い」ことは関係がない。そもそも、日本の公務員は多くないのだ。

すでに紹介したが、あらためて二〇〇六年に総務省から発表された「人口千人当たりの公的部門における職員数の国際比較（未定稿）」を見ておこう。日本は二〇〇六年で三三・一人、ドイツが二〇〇四年で五五・八人、アメリカが二〇〇五年で七八・一人、英国が二〇〇五年で七九・五人、フランスが二〇〇四年で八七・六人。日本の数値には、国家公務員や地方公務員だけでなく独立行政法人、国立大学法人、特殊法人を含み、しかも非常勤職員も入れてある。

こうしてみると、先進諸国において日本の公務員は多いどころか、むしろ少ないことがわかる。これは徹底したアウトソーシングの成果であり、地方公共団体などでは仕事の半分は外注

されている例も珍しくない。むしろ、あまりにアウトソーシングしたため、特定の公務員に過大な負担がかかっていると指摘する専門家もいるほどだ。

しかし、政治家とマスコミは、何かにつけて公務員を叩くことが、最も安易な支持者および視聴者の獲得法であることを知っている。ある「上げ潮派」の政治家などは、日本の公務員が少ないのを知っていながら、国家公務員は四分の一に、地方公務員は五分の一にするなどと発言して人気取りを試みている。

それ以前にも数値が発表されていたが、あまりに日本の公務員が少ないので、内閣府は民間の研究所に委託して、日本の公務員がもっと多めになるような公務員数のリポートを依頼したらしい。それが、二〇〇五年に発表された、野村総合研究所の『公務員数の国際比較に関する調査　報告書』である。

この報告書によれば、人口一〇〇〇人に対して日本の公務員数は四四・二人、英国が九七・七人（フルタイム換算で七八・三人）、フランスが九五・八人、アメリカが七三・九人、ドイツが六九・六人。国家公務員については行政機関・議会・司法だけでなく、国防省・軍人、公社公団、政府系企業を含み、地方公務員にも行政機関や議会だけでなく地方公社・公営企業の職員までを含んでいる。

このリポートではなるたけ多くを入れてみたのだろうが、他の国のデータも同じような基準で入れると、全体の数字が上昇するだけだ。結局、このリポートでも日本の公務員数はかなり少なく、むしろ日本の公務員は少なすぎるような印象を与えてしまうのである。

公務員給与の対GDP比でも、日本は最下位である

それでは、公務員の給与はどうだろうか。かつて公務員の給与は安いといわれたものだが、すでに民間を上回っているという人も少なくない。まず、日本は公務員の給与にどれくらいのレベルのお金を与えているのだろうか。

二〇〇五年に発表された大和総合研究所の『公務員人件費の国際比較』によれば、「一般政府支払い雇用者報酬のGDP比較」で日本は六・三%で、OECD（経済協力開発機構）諸国内で最低だ。たとえば、ドイツは七・八九%、フランスは一三・七二%、スウェーデンは一六・六三%、アメリカは一〇・一六%ということで、公務員数から考えれば当然の結果だろう。

試しに、この数値を野村総合研究所の数値で割って一〇倍すると、日本が一・四、ドイツが一・一、フランスが一・四、アメリカが一・四という数値が得られる。説明ははぶくがこの数値は、国民一人当たりGDPに対する公務員一人当たり人件費の倍数を示している。公務員一人当たりの人件費のレベルも、ドイツがやや少なめで、あとは同じようなレベルにあることがわかる。日本の公務員の平均給与が国際比較で高いわけではないのである。

大和総研のリポートは、他にもさまざまな比較をしている。それらにおいても日本の公務員の人件費は常に最低というわけではないが、たいがいの比較において低位にくることが明らかになっている。これではとても、公務員は不当に高い給料を得ているとはいえない。

同じ教育レベルの人材は、公務員の三倍の値段だった

さらに同レポートは、「コア公務員」による比較を行なっている。コア公務員とは「公務及び国防、強制社会保障事業」のベースの人数だというが、これで比較すると、日本のコア公務員の一人当たりの報酬が、OECD諸国平均の一・五倍に当たり、順位でもニュージーランドに次いで第二位であるという結論を引き出している。

しかし、この「コア公務員」で比較するというのは、かなり恣意《しい》的なものを感じないでもない。先ほど、大和総研の数値を野村総研の数値で割って、先進諸国の一人当たりのレベルを割り出したときには、ドイツを除いてほとんど差は見られなかった。ところが、この「コア公務員」だと日本は高くなる。

それではここで、霞ヶ関のエリートがどれほどのレベルの給与を受け取っているか、推測してみよう。安倍晋三政権の時代に行なわれた公務員改革では、人材を外から導入する方法が検討された。このとき提出された「国家公務員制度改革基本法案の概要」では、公務員ならキャ

リアでも年間一〇〇〇万円の収入だが、同じ学歴で民間会社に入れば三〇〇〇万円は堅いと述べており、この「収入格差」を埋めるための法的措置を求めている。

ということは、少なくともキャリアの公務員の給与は民間の三分の一にすぎず、同レベルの学歴の者がうらやましがるような金額ではないということになる。しかも、「コア公務員」においても、日本では他の先進国に比べて高い学歴が予想され、他の国に比べれば給与は高いかもしれないが、日本社会内の比較ではけっして高くないといえるだろう。

公務員を削減しすぎて弊害が生まれた英国

日本は公務員の数が特に少ないという事実を、私は、講演やセミナーで何度も指摘してきたが、たいがいの場合、聴衆は最初愕然とし、それから一部の人たちが反発をする。マスコミによって流されている公務員のイメージと、あまりに異なっているからだ。

なかには理由も挙げないで食ってかかってくる聴衆もいるが、このタイプの人たちは繰り返しデータを示してもなかなか納得してくれない。長年にわたって定着してしまった「日本の公務員＝多い＝官僚主義＝経済停滞」といったイメージが、いかに強いかということの証左といえる。

日本と比べて二倍以上も公務員が多い英国では、サッチャー政権とメジャー政権が公務員を大幅に削減したが、ブレア政権の時代になって、あまりに弊害が多くなり、途中から公務員を増やさざるをえなかった。一九九一年には約六〇〇万人いた公務員は、一九九八年に五二〇万人を切ったが、この年から反転して二〇〇六年には五九〇万人ほどに回復している。日本でも、いまのような根拠のない公務員削減を行なっていると、いずれより多くの弊害が生まれてくることになるだろう。

私は日本の公務員が、すべて働き者で誠実な人たちからなっているなどとは思わない。もちろん、私も社会保険庁や防衛省の不祥事には腹がたつ。しかし、間違った認識からの公務員改革は、結局、回りまわって国民にとってマイナスの結果を生み出すだろう。たとえ許認可だけの官庁であっても、事務を円滑にこなすのにはそれだけの人員は必要なのである。

デタラメ14 医療も民営化すれば診療のレベルが上がる

混合診療についての理解に混乱がある

医療も民営化すれば、診察や治療のレベルが上がるのだろうか。結論からいえば、かなりの金持ちは高いレベルの診療を受けることができるようになるが、貧しい人たちはずっと低いレベルに落とされ、平均としてはいまよりかなり低いレベルになると思われる。

日本の医療を民営化するという話は、某リース会社会長が議長を務めていた「規制改革・民間開放推進会議」が、いわゆる混合診療の解禁や民間企業の医療参入を唱えたことから始まっている。同推進会議は、保険の利かない診療でも患者が望めば、保険の利く診療と混合して受けられるようにすべきだと主張した。

この話だけを聞けば、なるほどもっともだと思う人も多く、日本も混合診療を認めて、民間企業も医療に参入できるようにしたほうがいいと考えた人もいただろう。しかし、混合医療が、推進会議が主張したような方針で解禁され、民間企業が医療に参入した場合の本当の影響が理解されていたとはいいがたい。

そもそも日本でも、医療保険の利かない診療を自費で受けるのは、部分的には認められており、どんな場合でも、保険の利かない診療を少しでも受けてしまうと、本来保険が利く部分を含めて、すべてを自前で負担するというわけではなかった。しかし、先進的な治療をどこまで認可し、さらに、それをどこまで保険でカバーするかは、慎重な配慮が必要だった。

ところが、「規制改革・民間開放推進会議」は、先進治療のどの部分まで保険がかからない医療にしてしまうかを問題にした。もっというと、なるたけ多くの部分を保険の利かない医療にしてしまい、それを新しいビジネスにしようと考えていたのである。

これでは医療関係者や政府関係者の多くが反対するのは当然で、そうした反対を日本の医療改革に反対する「抵抗勢力」であるかのように報道したマスコミは、「民営化」という言葉に踊らされて、事態がよく飲み込めていなかったとしかいいようがない。

医療を「民営化」したアメリカの悲惨さ

医療を「規制改革・民間開放推進会議」などが主張する方向で「民営化」してしまったらどうなるか。それはいまのアメリカにおける医療をみればよくわかるだろう。アメリカでは先進諸国なら必ずある、国民皆医療保険制度というものが存在しない。

公的なものは、低所得者層のための「メディケイド」と高齢者のための「メディケア」だけで、あとは勤め先が補助する民間の医療保険に加入している。それでも国民の約六分の一は何の医療保険にも入っていないので、非加入者は病気をすると高額の診療代を全額払うか、買い薬を飲んで我慢して寝ているしかない。

しかも、民間の医療制度というのが、民間保険会社と民間医療機関が結託して作り上げたものなので、しばしば医療費の支払い拒否や払い渋りが起こる。安い保険に入ると、最初から治療の選択肢が狭いので、必要な処置を受けることができない。盲腸の手術をしても即日退院は普通のこと。それどころか、契約では治療費が出るはずだったのに、保険会社が難癖《なんくせ》をつけて支払いを拒否するので、医療機関は何もしてくれないということになる。

こうした現実は、マイケル・ムーアのドキュメンタリー映画『シッコ』で克明に描かれているが、実際には、もっと悲惨なことが起こっている。たとえば、胆嚢《たんのう》の摘出手術をした人が即日退院せざるをえなくなる事態は珍しくなく、はなはだしい例としては、心臓移植手術を受けた患者が三日目に退院をさせられ死亡するという事件も起きている。

日本は世界一の医療をみすみすドブに捨てつつある

これほどひどいアメリカの医療だが、対ＧＤＰの医療費だけは世界一で、二〇〇四年の統計では一五・三%に達している。フランスが一一・一%、ドイツが一〇・七%、スウェーデンが九・一%、英国が八・三%、日本が八・〇%だから、群を抜いた多さであることがわかる。

しかし、アメリカはこれほど多くの医療費をかけていながら、一九九七年に発表されたWHOの「健康達成度の総合評価」では第二九位と、まったく効果が上がっていない。ちなみに、日本はこのときの総合評価では世界第一位であり、費用が少ないにもかかわらず、レベルは世界のトップだったのである。

民営化すればその事業は活性化し、サービスも向上するのが普通ではないかと、不思議に思う人がいるかもしれない。しかし、そんなことをいっているのは、医療というものの性質をよく考えていない人たちだ。

日本でも、アメリカの医療制度がすばらしいと思い込み、いまもアメリカ型の民営化を推進している経済学者が最近まで政府の経済財政諮問会議にいたが、この人物は恐ろしいことに、医療を「奢侈《しゃし》品」つまり贅沢品と同じだと考えているのである。

医療がもし奢侈品であるなら、金銭に余裕がなければ手に入れようとはしないだろう。しかし、医療は奢侈品ではない。健康や命といった掛け替えのないものにかかわっているため、たとえ余裕がなくとも、手に入れざるをえないのである。この経済学者は、金儲けをたくらむ悪辣な民間保険会社や民間医療機関が出てきても、それらは市場において淘汰されるだろうなどと論じているが、そんな都合のよいことが現実に起こるはずもない。

そこで、ほとんどの先進国では国民皆保険制度を作って、国民の医療のかなりの部分をカバーする。こうすることによって、医療が国民全体に行き渡り、金儲けだけの民間保険会社や民間医療機関の横行を防ぐのである。

医療はかなりの部分まで公営にしたほうが効率はいい

興味深いことに、医療は公的に供給したほうが、経済的にも効率的だという研究結果がある。

というのは、年金などの現金支給の社会保障制度の場合には、個人個人にバラバラに支給せざるをえないので、ここに民間保険会社が介在することもありえる。個人として民間の保険に入って、老後の年金を用意するという方法もあるわけだ。

しかし、医療の場合には、組織を作って従事者を大量に雇い、常時準備を行ない、医療サービスという現物を支給しなくてはならない。この場合には、ある程度のグロスがあったほうが効率的になる。医療保険においても、大量の加入者がいたほうが、保険料は安くなる。診療においても、大量の施設と人員がいたほうが、医療費は安くなるのである。

とはいえ、国民皆保険制度があっても、そのための費用を政府がとことんまで削減した場合にはどうなるだろうか。せっかくの効率のよいシステムも機能不全を起こす。その例が英国だ。

かつては世界一の医療制度を誇っていたのに、サッチャー政権が医療費を極端に削減したため、一〇年もたたないうちに崩壊してしまった。

風邪などの場合には五日も待たされ、音波を使った医療機器で診察を受けようとすると八週間もかかる。急を要する心臓手術も三カ月も待機させられたという例がある。いまや、すぐに診察を受けたい人たちは、保険の利かない病院に全額を払って行くしかない。これではアメリカと同じような状態だろう。

ブレア政権になってから、あまりの崩壊のひどさに医療費を一・五倍にも上げたが、いったん崩壊してしまった制度は元には戻らない。日本の医療もいま危機が指摘されているが、出てくる改革案が民営化か医療費削減だというのは、悲惨なアメリカや英国の教訓を、まったく無視したものだといえよう。

デタラメ15 公的年金はいずれ破綻するから保険料は払い損

年金問題がまともに議論されない理由

年金制度について議論しようとなると、長年マスコミに流布した誤解や思い込みが多すぎて、なかなか実のある議論が進まない。ことに厚生労働省があまりに危機を煽りすぎて、国民は「年金」と聞くと「破綻」という言葉が思い浮かぶ状態になっている。

そのため、年金制度についての議論が進まない第一番目の原因は、年金は破綻するという思い込みが強く、また、マスコミに登場する年金の専門家や経済学者も、すぐに破綻すると論じる人たちばかりが脚光を浴びてしまうことである。いまのように社会保険庁の失態が次々に明らかになると、その傾向が加速されてしまう。

少し大雑把にいうと、いまの制度でも、保険料を引き上げて給付額を引き下げれば存続はまだ可能だ。しかし、あまりに「破綻」ばかりが喧伝されるので、どれくらいの引き上げや引き下げが妥当なのかといった議論にはなってこないのである。

また、議論が進まない二番目の原因は、保険料に対して受給額が世代間でどれほどちがうか、何倍になるかという話ばかりが取り上げられることだ。現在の受給世代は、保険料の三倍以上を受け取っているのに、団塊の世代になると一・五倍、それ以降になると一・〇倍を切るからこれは破綻だというわけである。

しかし、現在の受給世代の金額が多いのは、高度成長期に田中角栄政権が作った制度があまりにいいかげんで、大盤振舞いがすぎたからだ。また、一・〇倍を切るというのは、企業が拠出している分を勘定に入れたときの倍率で、個人レベルで見た場合には、制度の運用しだいで受給額は十分にプラスになりうる。

アメリカですら年金は民営化できない

さらに、議論が進まない第三の理由は、消費税を全部年金に回せば大丈夫だという説が、まことしやかに唱えられていることだ。しかし、いまの財政制度では、税金がどこから入ってくるかと、どこに回すかとは別問題なのである。

すでに触れたが、消費税の年金目的税化をしても、それは名目上のことで、国債発行額を減少させるのにも、公共投資にも使える。また、法律でガチガチに縛って消費税は年金だけに使うということにしても、年金に必要な金額が消費税より多いかぎり同じことで、消費税率の急上昇だけでなく、景気によって年金給付も変わる事態になってしまう。

議論を滞らせる第四の原因は、「アメリカの改革にならって民営化するのが正しい」と、もっともらしく叫ぶ経済学者たちが日本に大勢いることだ。

彼らは、「ここまで破綻してしまった年金は、清算して自己責任の保険に切り替えてしまおう」と主張し、アメリカのサプライサイド経済学者フェルドシュタインの「年金がないほうがアメリカの経済はもっと繁栄していた」という言葉を引用しながら、あやうい年金制度より確実な個人年金保険にしようというのである。

しかし、アメリカの年金制度は、日本同様に危機に瀕しているが、市場原理主義といわれたブッシュ政権ですら、民営化しようなどとはいっていなかった。これまでの確定給付型の制度をやや縮小して、その上に確定拠出型の制度を乗せて、政府の負担や企業の負担を少し減らそうと提案したにすぎない。しかも、住宅バブルで浮かれていたアメリカ国民ですら、こうしたブッシュ政権の提案には否定的だった。

こと年金にかんしては、アメリカ人でもいま以上にリスクが高まるのはいやなのだ。ちなみに、クリントン政権時代に、年金の運用を株式市場で行なう案が提示されたが、このときには、前連邦準備制度理事会議長グリーンスパンや、ヘッジファンドの帝王ソロスすらも反対して、クリントンを激しく批判したものだった。

グローバル化の時代だから年金が大事

日本の市場原理主義的な経済学者たちは、昔フェルドシュタインが編み出した年金制度の清算法をさらに精緻化して、「こうすれば可能だ」と胸を張っている。すでに給付している世代に対しては将来の年金を一時払いし、いま納付している世代に対してもこれまでの保険料を返してゆくというわけである。

しかし、年金制度を清算するのに金額にして約八〇〇兆円、期間にして数十年もかかり、いまの日本の財政や時代の急速な変化のなかでは、とても正気の沙汰とは思えない。

年金は自分の老後の確保なのだから、自己責任で行なうべきだというのが、彼らの論理であり、私もそのことを全面的に否定する気はない。しかし、人生は不確実性に満ちている。若いころに羽振りがよかった人間が、老境に至って尾羽うち枯らすこともある。

まず、家族の紐帯《ちゅうたい》によって、こうした年齢にともなう不確実性に対処するのが普通の方法だろう。それでも社会変動が激しく、家族のありかたも変わってしまうような時代には、家族という紐帯に加えて、政府がナショナル・ミニマムとして国民年金制度という社会的紐帯で補強することが必要となる。

昨今はアメリカ型の市場原理主義が世界を覆い、グローバル化が進展しているから、「社会的紐帯なんか社会主義だ」などという自称保守派や、国家が個人に加入を強制することは「人間の根源である自由を損なう」という、自由原理主義者のような人たちが幅を利かせている。しかし、事態はまったく逆なのである。

市場原理主義が優越し、グローバル化が止まない時代だからこそ、そこに生まれる不確実性を緩和する何かが必要なのだ。そうでなければ、個人も家族も、強風に煽られて吹き飛ばされる落ち葉のようになってしまうだろう。

グレイ・パワーによる年金改革では間に合わない

この意味で、未納問題は、年金制度を破綻させるからではなく、年金という社会的紐帯を傷つけるから解決しなくてはならないということになる。これも誤解の多い点だが、未納は個人の意思に任されている国民年金にだけ起こることで、国民年金は厚生年金や共済年金から補塡されて成り立っている。

したがって、将来、給付が行なわれない未納者は、むしろ年金財政全体を好転させていることになるのだ。未納によって年金財政が破綻することなどありえない。この誤解も議論を滞らせる、第五の原因に数えられるだろう。

英国の経済誌『エコノミスト』二〇〇七年七月二八日号が人口減少問題を特集して、とくに日本について考察している。

その特集のなかの「変わりゆく日本の人口構造」というリポートでは、二〇〇七年の参院選で与党が勝とうと負けようと、「いずれにせよ、日本においてグレイ・パワーは、自らを無視できない勢力として確立することになるだろう」と述べていた。グレイ・パワーすなわち高齢勢力が、政治力を発揮することになるというわけである。

この考察は、英国において起こった事態を前提としている。サッチャー改革によって年金・介護・医療などの社会保障が縮小したが、極端な個人主義の英国において家族は必ずしも頼みにならず、中高年の将来に対する不安が増大し、選挙のたびに社会保障政策を推進するグレイ・パワーが形成されていったのである。

日本の場合は、社会保険庁のモラールの下落が最大の問題だろう。年金加入記録の大量喪失にとどまらず、厚生年金標準報酬の改竄《かいざん》問題が起こった。こんなことばかり起こっていれば、国民の信頼はいま以上に崩壊して、いまの制度は解散して民営化しようという声が大きくなるかもしれない。維持できるはずなのに、事実上、崩壊することになる。

英国ではグレイ・パワーが形成されて政治を動かす前に、社会保障制度が崩壊の危機に瀕してしまった。日本でも、厚生労働省の失態への対策の動きはきわめて緩慢だ。グレイ・パワーが形成されるのを待っていたのでは遅すぎる。いますぐに信頼を回復する方策を構想すべきだ。

デタラメ16　日本は医療費が多すぎるから保険制度が破綻する

日本の医療は先進国中でも低い費用で最高のレベルだった

ろくろく根拠も挙げずに、日本の医療は先進諸国で最低だと主張している人は少なくない。しかし、日本の医療制度は、先進諸国において総合評価でトップだったし、いまも国際レベルでみてけっして劣悪な制度などではない。しかも、高い評価の医療制度を先進国でもきわめて低い費用で実現してきた。そのことをもう一度データで確認してみよう。

まず、WHOが発表した「健康達成度の総合的評価」（一九九七年）で日本は第一位であり、「健康寿命」（二〇〇二年）も第一位。日本では何かと「理想」とされるスウェーデンは、それぞれ第四位、第三位。経済制度においてしばしば「目標」とされるアメリカは、それぞれ第一五位、第二九位にすぎない。

そのいっぽうで、OECDが二〇〇五年に発表したデータによると、医療費の対GDPでは、日本はわずか七・九％で一八番目という低位。スウェーデンは九・四％で一二番目。アメリカなど一五・〇％と高く一番目。日本は少ない費用で、高いレベルの健康達成度を実現しているが、アメリカは日本の二倍近くの費用をかけていながら、とても高いレベルの健康達成度とはいえない。

日本の医療が比較的安くすんでいたことは、たとえば、人口一〇〇〇人当たりの医師数がわずか二・〇人で、ドイツの三・四人、フランスの三・四人はもとより、英国の二・二人、アメリカの二・三人に比べて少ないことからもわかる。また、病床一〇〇床当たりの看護職員数も、日本は五四・〇人であるのに対し、ドイツ一〇八・六人、フランス九一・一人、英国二二四・〇人、アメリカ二三三・〇人と、はるかに多い。

つまり、日本の医療は少ない費用と少ない人員で、世界最高といえる医療と健康状態を達成していたことになる。こう書くと、「いまの医療地獄といわれる事態はどうなんだ」という人たちがいるだろう。

たしかにいま、日本の医療は「最低」などではないにしても、これまでと比べて「危機」にあることは明らかだ。しかし、ここでみたような基礎的なデータをおさえてかからないと、いまの「危機」の実体も明らかになってこない。

医療関係者の収入はけっして高くない

たとえば、日本では医師不足が顕著になっているが、これは都市には医師が多く僻村《へきそん》には医師が少ないという、「偏在」の問題だという説が長い間信じられてきた。また、医療制度が変わって、以前は大学病院の医局が若い医師の仕事場をコントロールしてきたが、それができなくなったせいで若い医師が自分にとって好ましい仕事場を選ぶようになったため、偏在化がさらに進んでいるという説も報道されてきた。

しかし、前出の国際比較でみれば、日本の医師や看護師はグローバルな水準で見たときには少ないということが明らかなのだ。しかも、医師の収入も、かつていわれていたほどには、けっして多くない。

たとえば、四〇歳の勤務医の平均年収は約一〇四七万円で、弁護士やパイロットより低いことはともかく、一部の銀行員や大企業社員より低い。ここには都市と農村による違いとか、医療の現場の選択ではない、もっと根源的な問題であると考えるべき十分な理由がある。

小泉改革に代表される、医療費削減だけを問題にする改革は、せっかく世界一効率がよかった日本の医療を、ただ崩壊させてきた。

日本の医療は「絶対的に」医師が足りない

医師不足については、宮崎県立延岡病院院長などを歴任し、現在は熊本労災病院院長である小川道雄氏の『医療崩壊か再生か』(NHK出版)が参考になるだろう。

このなかで小川氏は自身の経験を踏まえ、さらに多くのデータを提示しながら、「偏在ではなく、絶対数が足りない」と指摘している。厚生労働省はその事実を認めて医師の増員にとりかかり、文部科学省も医学部の増員をはかりはじめているが、ペースが遅い。

ニューヨークで虫垂炎の手術を受けると、一泊入院で総費用は約二四三万円かかる。しかし、日本ではたとえば小川氏の病院では、一週間入院しても費用は三六万円。しかも、保険が適用されるから、自己負担はもっと少ない。

「このように、日本では実に低い医療費で適切な医療が受けられるということが、日本人自身にもまったく理解されていない。これは実に理不尽である。しかし、さらなる問題は、このように低い医療費をさらに抑えなければならなくなった結果、医療従事者が過重労働を強いられ、それに耐えられなくなった医療従事者、特に勤務医が病院を離れていく『離れ』現象がおこっていることだ」

たとえば、二〇〇六年三月に発表された国立保険医療科学院の「医師の勤務状況調査」によると、病院の常勤勤務医の一週間の勤務時間は平均六六・四時間であり、法定労働時間の週四〇時間を二六・四時間オーバーしていることになる。それだけではない、週八〇時間以上の医師が二九%、七〇〜八〇時間が一九%にのぼり、五年前と比較して増えたと答えた医師は四〇

%に達する。

さらに、人数が少ないために、とくに激務だといわれる小児科医の場合、二四時間以上の連続勤務の回数は月に二・四回、その場合の勤務時間は二九・五時間であり、最も多い医師の場合には二四時間勤務が月一〇回の人もおり、三六時間連続の医師もいるという。しかも、救急医療の場合などには、ゴールデンウィークでも休みがほとんど取れない。

間違った医療制度改革を止めて、実態に基づいた対策を

小川氏が紹介しているエピソードを記しておこう。ある医療安全シンポジウムを開催したさい、パイロットを講師として招いたことがあった。勤務医の労働状況について説明すると、そのパイロットは「そんなことは考えられない！　医師がそんなに長時間働きずくめで、もしものことがあったらどうするんですか」「わたしたちは、太平洋を越えて飛ぶときでも、必ず一チーム別な組が同乗して途中で交代しています」と驚いたという。

アメリカのヒラリー上院議員が日本に医療視察に来たことがあった。そのときのヒラリーの感想は「日本の医療は、医療関係者の聖職者のような努力によって維持されている」というものだった。小泉改革は聖職者のような努力を最終的に叩き壊すものだったのである。

小川氏は、最近、急に多くなった医療ミスに対して、かなり同情的だ。いまの状態を考えれ

ば無理はないというのである。もちろん、医療ミスすべてが過重労働で起こったわけではないだろう。しかし、現在の医師および看護師が置かれている過酷な状況が、近年の急激な医療ミスの増加の最大の原因であることは間違いない。

厚生労働省および文部科学省は、医師増員のための制度変更にとりかかった。しかし、すぐに医師が増員されるわけではない。これまで「偏在」だといい続けてきた厚生労働省の責任はあまりにも重い。

医療制度については、もっとデータを提示して、国民に医療のレベルとそのための費用についての熟考を迫る必要がある。しかし、そう簡単に厚生労働省が対応できるとは思えないし、構造改革で思考が停止してしまった政治家たちがどこまで行動を起こすかは心もとない。このままでは、世界最高のレベルを誇ってきた日本の医療制度は、しばらく低迷の時期を迎えることになるだろう。

デタラメ17 日本の所得格差は高齢化で生じたにすぎない

米英はIT化とグローバル化、日本は高齢化という説

小泉政権および安倍政権が構造改革による格差拡大を批判されたさい、持ち出したのが「日本では高齢化によって所得格差拡大が起こったようにみえた」という説だった。この説は、大阪大学教授・大竹文雄氏の『日本の不平等——格差社会の幻想と未来』(日本経済新聞社)で提示されたものだ。

大竹氏は、アメリカや英国の所得格差は、IT化やグローバル化がもたらしたとされているが、それでは、日本の所得格差は何によって生じたのかを調べた。その結果、日本の格差研究では「当初所得」と「課税前所得」が混同されることによって、日本社会全体の所得格差が急激に拡大した、という印象を与えていることを突き止める。

厚生労働省の『所得再分配調査』に使われる「当初所得」というデータには、公的年金が含まれていない。いっぽう、日本の『家計調査』やアメリカの『カレント・ポリューション・サ

ーベイ』の所得では公的年金をカウントしている。『所得再分配調査』で所得格差をみると、公的年金を受け取る年齢から格差が急激に拡大し、また、国際比較においても、日本は近年急激に所得格差が開いているように見えてしまうというわけだ。

「所得の定義が、単に他の所得統計と異なっていたのが原因であった。公的年金所得が当初所得に含まれない、というなんでもない事実が、人口高齢化の局面で極端な不平等度の上昇をもたらしていたのである」

これは、目からウロコが落ちるような話で、実にわかりやすい。安倍晋三氏は自著『美しい国へ』（文春新書）にこの説を採り入れたし、安倍政権のある閣僚は、この説明で格差問題は乗り切れると思ったという。

しかし、格差拡大に対する批判は、この説を唱えても少しも収拾しなかった。逆に、火に油を注いだかのように、ますます批判の波は大きくなっていった。それは、単に感情的な反発だけとはいえなかったのだ。先の大竹説だけでは、日本の不平等について、すべてをカバーすることはできなかったからである。

格差が永続化する原因を、大竹氏は指摘していた

もちろん、格差論争のなかには、二〇〇一年に成立した小泉政権の構造改革を批判するのに、

一九九〇年代のデータを突きつけて小泉政権の責任を問うといった見当違いの議論もあった。とはいえ、日本の格差は高齢化によるデータの錯覚だといってすますわけにはいかない理由が、少なくとも二つあった。

第一は、データの定義の違いだと指摘した大竹氏自身が、一九九〇年代後半には若者の間に格差拡大の兆しがあることを指摘し、また、日本でもＩＴ化とグローバル化の進展によっては、所得格差が固定化する可能性を述べていたことである。

大竹氏は「『格差はいけない』の不毛」（『論座』二〇〇六年四月号）で、「若年層における所得格差に拡大傾向がみられることも統計的に示されている。これは長期にわたる不況が原因だろう。いずれも統計的な事実であって、どこにも論争する余地はない」と述べている。

しかも大竹氏は、これまで格差が小さかった若年層のなかで、正社員とフリーターとの所得格差が生じていること、一度フリーターになると、その後、正社員にはなれない傾向が高まっていることなどを挙げて、若年層における所得格差の原因を指摘している。

長期的に格差が永続化する可能性についても、「より多くの高学歴者を求めるような技術革新が生じたり、グローバル化で日本国内の低学歴者に対する需要が低下したりしたことが賃金格差拡大の原因であれば、この拡大は永続的となる可能性が高い」と予測すらしていたのである。

非正規雇用の拡大による所得格差の拡大があった

大竹氏も示唆しているように、高齢化だけでは格差を議論できない理由の第二が、非正規雇用による所得格差の拡大であり、この問題に正面から取り組んだのは、内閣府経済社会総合研究所の太田清氏だった。

太田氏は二〇〇五年に発表した『フリーターの増加と労働所得格差の拡大』のなかで、「所得格差や賃金格差に関する実証研究では、これまで非正規雇用者までカバーされていなかったが、本稿では非正規雇用をもカバーする統計を用いた」という。

その結果、「一九九〇年代後半から最近にかけて、個人間の労働所得格差が拡大していることがわかった」。太田氏が強調するのは、若者の雇用形態の変化と格差拡大との関係であり、「若年層の間での格差拡大は、日本社会の将来の姿を先取りしたものである可能性もある。本稿の分析結果は、若年者が職業能力（稼得能力）を獲得する機会を十分に持てるようにする政策が極めて重要であることを改めて示している」。

つまり、日本の企業が労働生産性を高めて、競争力を向上させるために非正規雇用を拡大することによって、若者を中心に格差が広がっているというのだ。しかも、景気が多少上向いた時期にもこの傾向は解消されなかった。太田氏が指摘している「日本社会の将来の姿を先取りしたもの」という懸念は、いまのところ間違っていないだろう。

少なくとも、この研究を信頼するかぎり、一九九〇年代後半以降において、日本の格差拡大が高齢化だけによってもたらされたということはできない（では、日本の格差が拡大しているとして、それはどの程度なのか。日本社会に危機をもたらすレベルのものなのか。それが次に問題となる点だろう。この問題については、次の項目を読んでいただきたい）。

ニートという言葉も、誤解を招く曖昧なものだった

所得格差の程度を考える前に、振り返っておかなくてはならない問題がある。いわゆる「ニート」の問題だ。ニートといえば、引き籠《こ》もりやパラサイト・シングルであり、自分から仕事を放棄した社会的不適応者であるかのように論じられてきた。しかし、これも言葉の定義が曖昧だったために、意欲的に仕事を探している若者でも「ニート」とされていたことが明らかになっている。この事実を指摘したのは、東京大学准教授の本田由紀氏だった。

内閣府が二〇〇五年に発表した『青少年の就労に関する研究調査』では、一五歳から三四歳までの人間で仕事に就いていない者は二一三万人。その内訳は「いま仕事を探している若者」「いま仕事を探してはいないけれども、仕事に就くことを望んでいる若者」「仕事に就くことを望んでもいない若者」からなっている。この二番目と三番目を「ニート」と呼んで、それが一〇年間で六七万人から八五万人に急増したと指摘したのがニート騒動の発端だった。

しかし、三番目の「仕事に就くことを望んでもいない若者」はほとんど増えていないのに、二番目の「いま仕事を探してはいないけれども、仕事に就くことを望んでいる若者」だけが急増している。そこで、この二番目の若者たちについて詳しく見てみると、仕事に就いていない理由として「探したが見つからなかった」「希望する仕事がありそうにない」「知識・能力に自信がない」などを挙げていた。

ということは、彼らは働きたいが、さまざまな理由で、自分に相応《ふさわ》しい働き口がなかった若者たちだったのである。彼らを、引き籠もりやパラサイト・シングルと同一視して、甘やかしてはならないと糾弾することほど、見当違いなこともなかったわけだ。

そして、さらに大きな問題は、第一番目の「いま仕事を探している若者」が、急激に増加していたという事実である。これは長期不況という理由が大きかったが、マスコミが好んで報道した熟年の失業よりも、実は数値においてずっと深刻だった。

これからやってくる不況のなかで、若者の失業が再び急増していくことが考えられる。所得格差の問題は、新たな局面に来ているということができよう。

デタラメ18 日本は先進国でトップクラスの格差社会になった

指標の種類によって格差の実態は違ってみえる

構造改革の進展によって、日本が急速に格差社会になったという説はしばしば唱えられた。たしかに、一九八〇年代に比べて所得の差が広がった気はするし、また、多くの若者たちがフリーターになったために、自分の所得に不満を持っている人が多くなった。

こうした格差の拡大は、どのような指標で見るかによって、イメージにかなりの違いが生じるので、「格差が拡大している」といわれたときには、根拠となっている指標が何か、把握しておかないと議論にもならない。

日本は不平等社会になってしまったと指摘して、最近の格差論争の先駆けとなったのは、一九九八年に刊行された橘木俊詔氏の『日本の経済格差』（岩波新書）だった。橘木氏はジニ係数を用いて、日本の所得分配の変化と他の国との比較を行なった。

このジニ係数とは、所得の不平等度を示す指標で、やや複雑な数学を用いて割り出すが、ジニ係数が一・〇に近づけば極端な不平等社会、〇・〇に近づけば極端な平等社会ということになる。

橘木氏は右の本で、次の三点を挙げて、日本の平等神話は崩れたと指摘した。

第一に、日本の所得分配の不平等度は当初所得(課税前所得)と課税後所得ともに急速に高まり、特に当初所得はここ一〇年の間にジニ係数が〇・一前後上昇し、しかもジニ係数が〇・四を超えていること。第二に、一九八〇年代後半や一九九〇年代前半には、先進諸国中で最高の不平等度を示し、アメリカを抜いてしまっていること。第三に、先進諸国のなかで所得分配が平等な国は、北欧諸国とオセアニア諸国で、こうした国々と比べると日本の不平等度は極端に高いことである。

ところが、橘木氏の指摘に対して、二〇〇〇年、大竹文雄氏は日本経済新聞に連載した「所得格差を考える」のなかで、橘木氏が公的年金を入れていない日本の当初所得によるジニ係数を、公的年金を入れた他の国々のジニ係数と比較しているのは不当だと批判した。

公的年金を受け取る年齢になると、日本の当初所得の数値は急激に下落することになるから、そもそも比較のためのデータとして相応しくないというのである。これに対して橘木氏は、率直に自分の不注意を認めたといわれる。

階層が固定化してしまった日本は不平等社会だ

ジニ係数だけでなく、階層が固定化していると指摘して、日本社会は不平等になってしまったと論じたのが、二〇〇〇年に刊行された佐藤俊樹氏の『不平等社会日本』（中公新書）だった。佐藤氏は、職種に注目して、親が管理職なら子も管理職になりやすく、こうして形成された諸階層において、階層間の結婚も少なくなっていると指摘した。

「日本社会は全自営をのぞいて『努力すればナントカなる』、より開かれた選抜社会になったように見える。ところが、……『団塊の世代』では、戦後生まれたホワイトカラーの開放性がうしなわれ、戦前と同じくらい『努力してもしかたない』社会になっている」

実は、日本が階層社会になったと指摘をしたのは、佐藤氏が初めてではなかった。経済的繁栄がピークを迎えつつあった八五年、小沢雅子氏は『新「階層消費」の時代』（日本経済新聞社）のなかで、同額の収入を得ている者たちの間に、資産の多寡によって生活態度にも階層的な違いが生じることを、詳細なデータを挙げて証明している。

小沢氏は、いったん低所得の職業に就いた者は、年齢を加えても所得が低く、資産が少ない者は加齢しても少なかったと指摘。「このことは、これまで見てきた所得や資産の格差が、構造的なものであり、短期間の景気変動で変化するものではないことをもしめしている」と述べている。

それでは、なぜ、一九八〇年代の構造的な「階層消費」が問題にならなかったのだろうか。実は、問題になるどころか、面白おかしく表現されて漫画にまでなっていたのだ。

渡辺和博の『金魂巻』(ちくま文庫)の初版は一九八四年に出版されたが、そこでは人気職業人を「マル金(金持ち)」と「マルビ(貧乏人)」に分けて描写し、同じ職業でも育ちや資産によって趣味や言動に大きな違いが出ることを抉《えぐ》り出して、圧倒的な人気を博した。

近年、格差論争が起こったさい、渡辺氏は、一九八〇年代は階層的な差があることはわかっていても、日本国民全体が豊かになるという夢があったが、バブル崩壊後「マル金」と「マルビ」は本来的な位置付けを獲得し、現実として受け取られるようになったと語っている。

極端な格差社会アメリカの現実が突きつけるもの

しかし、それでも日本はアメリカなどに比べれば、まだ、平等な社会だという人は多いし、その根拠もいくつかある。

たとえば、トーマス・ピケッティとエマニュエル・サズの『合衆国による収入格差一九一三〜一九九八』によれば、上位〇・一%の収入が国民全体の収入に占める割合は、大恐慌が起こった一九二九年ごろは八%に達していたが、戦後の一九六〇年代には二%台にまで低下した。さらところが、一九八〇年代になると急速に上昇して、一九九八年には六%にまで上昇した。さらに、二人の追加論文『上位収入者の展開』によれば、二〇〇〇年には七％を超えている。

では、他の先進諸国はどうかといえば、英国の場合も一九七〇年代の二％台から一九八〇年代に急上昇して、二〇〇〇年には五％台に達した。ところが、フランスは一九七〇年代の二％台のまま横ばいである。日本に至っては、一九六〇年代の二％台からさらに低下し、一九九〇年ごろに二％を少し上回っただけで、一九九〇年代は二％弱で推移し、一九九九年から上昇したが二〇〇二年の時点でも、まだ二・一％程度にすぎないのである。

もちろん、ピケッティとサズが用いた指標は、全体の上位〇・一％で比較するものだから、アメリカのような超格差社会の場合には極端な変化が見てとれるが、日本のように緩慢な場合には、それほどの変化となって表れてこないという欠陥がある。この研究で見れば、日本は先進諸国のなかでもほどほどの平等社会だと見えるだろう。

とはいえ、ジニ係数で国際比較のできる課税後所得で比較すれば、先ほどOECDのデータで見たように、アメリカに比べればたいしたことはないが、ドイツなどに比べてもかなり不平等度は高くなり、北欧の国々などのデータも加えて比較すれば、けっして平等社会だと胸を張るわけにはいかない。

しかも、厚生労働省の『所得再分配調査』が示しているように、一九七二年には再分配後所得のジニ係数が〇・三一四だったのに、二〇〇二年にはそれが〇・三八一に上昇している。このことからもわかるように、所得格差はかなり拡大していることも間違いない。

所得格差を拡大することが確実な非正規雇用も、再度確認しておくと、一九八四年には雇用全体の一五・三%にすぎなかったのに、一九九〇年に二〇・二%に上昇し、二〇〇〇年には二六・〇%、そして二〇〇七年になると三三・五%と、三人に一人以上が非正規雇用になってしまった。これは格差を拡大させる方向に働く。

たしかに、現在、日本はアメリカのような超格差社会ではないし、ましてや『蟹工船』に描かれたような閉鎖的な階級社会ではない。しかし、こうした格差拡大傾向を見せつけられると、若者たちが将来をイメージするさい、現状を示す客観的な数字より、趨勢として向かっているようにみえるアメリカ型の超格差社会を思い浮かべてしまうのである。

デタラメ19 人口が減少するので外国人労働者の受入れは不可避だ

人口が減るから労働力が必要という勘違い

日本人の出生率が低下して、人口はしだいに減りつつある。ざっといって、これから五〇年間の間に二割は減少するといわれている。そこで労働力が不足するというので、外国から労働者をもっと受入れようなどと主張する人が多くなった。ある政治家などは、これから一〇年間で一〇〇〇万人の外国人労働者を入れるべきだと主張して注目された。

しかし、ここには大きな錯覚がある。どうして人口が減ると、労働力が不足するといえるのだろうか。もし、現在のGDPをそのまま維持するなら、人口が減った分だけ外国から労働者を入れなくてはならない。しかし、国民一人当たりのGDPを維持するだけなら、それほどの外国人労働者はいらないのである。

冷静に考えてみよう。たしかに、高齢化していくなかで日本は現場で働いている人の数が減っていく。しかし、少子化が進むことで、養わなくてはならない人たちの数も減るのだ。戦後しばらくは「五人が働いて五人を養う」という状態だった。つまり、働いている人と養ってもらっている人の比率は半々だった。

それが、一九九五年ごろには「六人が働いて五人を養う」という比率になった。ちょっとときつくなったのだ。では、二〇一五年ごろにはどうなるか。「五人強が働いて五人弱を養う」ということになる。つまり、この点については一九九五年より少し好転するのである。

たとえば、GDPがいまと一緒で人口だけが一割減ったら、一人当たりのGDPは一〇%も高くなる。つまり、一〇%分は豊かになるのだ。たとえGDPが一割減っても、人口も一割減れば一人当たりの豊かさは同じなのである。実際には規模の効果があるから、そのままではすまないが、それほど恐怖を覚えるような話ではない。

人口が減っても、五人強が働いて五人弱を養う社会ならば、まだ、考えようがあるだろう。老人介護の問題もあるから、五人強がそのままは働けないかもしれないが、少なくとも日本の人口の八%にあたる外国人労働者を受入れなくてはならないほど、労働力が大量に不足するというわけではないのである。

日本はアメリカや英国のような多民族国家になれるのか

積極的に外国人労働者を受入れるべきだと主張する人たちのなかには、日本は比較的同質な文化で、そのため活力がないから、異文化の人たちにきてもらって活力をつけたほうがいいなどと論じる人もいる。しかし、これはあまりにも、多民族社会の複雑さと困難さを単純かつ楽観的に捉えている。

たとえば、アメリカのような国は「世界のシェルター」として、抑圧され貧困に苦しむ人たちが移民してくるのを、国是として積極的に支援してきた。そのため、現在のような多民族国家となったわけだが、教育の制度を強化し、文化的なアイデンティティを重視しながら、政治的な一体感も維持していくという膨大な努力が払われている。

これは「ポスト・コロニアル」(帝国時代後に特有の状況)と称される英国でも似たような問題を抱えている。英国は大英帝国はなやかなりし時代に、帝国の各地から現地の人たちが移住してきた。いまはその孫や曾孫《ひまご》たちが定住しているのだが、文化も違えば宗教も違う。そういう人たちが同じ街に住むには、かなりの制度的な工夫が必要なのである。

文化的な多様性が日本には必要だと主張する人たちには、そうした、長期にわたる工夫や膨大な努力を引き受ける覚悟で、外国人移民の受入れを論じているのか、よくわからないところがある。

すでに移民社会が負担になっているヨーロッパ

植民地を持っていたフランスもまた、複雑な問題を抱えることになった。旧植民地が次々と独立した一九六〇年代以降になると、独立した母国では食えなくなった旧植民地住民が、急激にフランスに流れ込んできたのだ。

さらに、一九七〇年代のオイルショックによって移民政策は激変した。宮島喬氏は『移民社会フランスの危機』（岩波書店）のなかで、「フランスも（西）ドイツもベルギーも、新規の外国人労働者の受け入れを停止し、実はこの状態は基本的に現在まで続いている」と指摘している。旧植民地＝非ヨーロッパ諸国からの移民は定住するようになり、この地で生まれた子供たちは、フランス国籍を獲得していった。さらに彼らは、出身国から家族を呼び寄せたので、非ヨーロッパ系移民の数はますます増えた。

しかし、非ヨーロッパ系の「フランス人」は、同じヨーロッパ系の「フランス人」のように、フランスに文化的に溶け込むことはできず、また、社会的にも同じ扱いを受けるようにはならなかった。

戦後、復興の時代にトルコから大勢の労働者を受入れて、大成功したといわれたのが西ドイツだった。西ドイツは高度経済成長を遂げて、トルコからの労働者もドイツに定住するようになった者が多かった。それでもドイツは経済成長を続けたから、彼らのために多くの雇用を作り出すことができた。

ところが、一九九〇年に東ドイツと統一をすると、東ヨーロッパからの労働者も大勢押しかけてきたが、もはや彼らを受入れるわけにはいかなかった。そこで、それまで基本法（憲法にあたる）にあった条項を変更して、外国人労働者をさらに抑えざるをえなくなったのである。これは海外から多くの批判を浴びたが、仕方のない措置だっただろう。

自分たちの都合だけで外国人を入れる愚かさ

これまでも日本では、好景気になると外国人労働者を入れようという話が出てくるが、また不況になると、その話はいつの間にか消えてしまう。労働力が不足すると外国人が欲しくなり、余るといらなくなるだけのことなのである。しかし、それではやってきた外国人労働者をいやな目に遭わせるだけになるだろう。

これまでの先進諸国の経験を振り返れば、自分たちの都合だけで外国人労働者を入れることは、国内に意図的に格差社会を作ることだといってよい。所得格差があっても働いてくれる時期はありがたいが、その人たちが定住して国籍を取るようになったとき、生まれた格差は解決困難な国内の社会問題となる。

経済成長が続いた時代に、移民を受入れたヨーロッパ諸国では、そのときは重宝したが、経済成長が続けられなくなると同時に、その格差問題を解決する力がなくなってしまった。たとえそうした事態になっても、日本は元から住んでいる国民と同じように扱って、格差を解消するとの覚悟を持たないかぎり、受入れは慎重であるべきだろう。

ましてや、「上げ潮派」の政治家のように、何の根拠もなく一〇〇〇万人の外国人労働者の受入れをぶちあげるのは、ただの人気取りとしかいえない。本当にそれが実現してしまったら、日本は自力では解決不可能な巨大な問題を抱えることになる。

デタラメ20 株式が暴落すると大勢の投資家が自殺する

大恐慌で投資家が次々自殺したという神話

世界金融の中心地ニューヨーク株式市場での株価下落はいまも続いている。とくに二〇〇八年九月二九日、米下院で緊急経済安定化法案が否決されたときには、七七七ドルもの下落を記録し、これは史上最大の下げ幅だった。

これほどの歴史的な暴落なのだから、一九二九年のときと同じように、財産を失って自殺する投資家が何人いてもおかしくないと思うのが自然だ。しかし、そうしたニュースはまったく聞こえてこない。なぜだろうか。

答えは簡単で、大恐慌のさいに投資家が次々と自殺したという話じたいが、神話や伝説の類だからなのである。そんなバカなという人がいるかもしれない。自分はエンパイアステートビルから飛び降りたシーンのある記録映像を見たという人もいるだろう。しかし、それは戦前の劇映画のひとコマにすぎない。

たしかに、当時のジャーナリストF・L・アレンは、『オンリー・イエスタデイ』（筑摩書房原著は一九三一年刊）のなかで、一九二九年一〇月二四日の夕刻を次のように描写している。

「それにしても恐ろしい日だった。その晩、七時になっても、仲買人たちの事務所の表示機は、まだかたかた鳴っていた。……午後になって、信じられないような噂が乱れとんだ——投機家が十一人自殺したとか、バッファローとシカゴの取引所が閉鎖されたとか、ニューヨークの取引所は、激昂した暴徒を防ぐために、軍隊が守っている、などである。……銀行家の共同資金が、当座は完全な崩壊を喰い止めはしたが、経済構造が、ばっくりと大きく割れたという事実は否定しようもなかった」

しかし、注意深く読んでみれば、ここには「信じられないような噂」とあるにすぎない。さらに、当時の記録を集めた文集であるD・A・シャノンの『大恐慌　一九二九年の記録』（中公新書）を読むと、この噂説はさらに説得力をもってくる。

「『ニューヨーク・タイムズ』紙一九二九年十月二十五日号より……ほとんどインチキ、でまかせばかりのうわさが、ウォール街いっぱいに、やがては全国に流れとんでいった。自殺した投機家が一一人という報道も流れた。呑気な勤め人がウォール街のビルのてっぺんに登って下をみると、大群衆がかれを見上げていた。とびおり自殺をするというううわさが広がっていたからだった。……こうしたうわさや情報は、たしかめたところ、すべてがうそであることがわかった……」

統計的にもほとんど増えていない自殺者

直後に「うそ」だと判明していた「うわさ」は、当時、アメリカ全土に広がっただけでなく、いくつもの海を越え、八〇年後のいまも私たちにも噂を信じさせている。歴史家や金融関係者たちは悲惨さを強調するために、それでも自殺者はいたといいたがるが、この時期の自殺した金融関係者で名前が分かっているのは、銀行家ジェイムズ・リオダンくらいだろう。

彼の自殺は顧客に損害を受けた人が大勢いたためだということになっていた（G・トマス他『ウォール街の崩壊』講談社学術文庫）。しかし、リオダンの銀行は、彼の自殺後も支払い能力が十分にあって業務を継続しているのだから、自殺の原因が経営破綻であったわけではない。

経済学者のケネス・ガルブレイスは『大恐慌』（徳間書店）のなかで、彼としては珍しく細かくデータにあたって、一九二五年から三四年までのニューヨーク市による統計を示しながら、次のように指摘している。

「株式市場に近接しているために、自殺にたいする特別の傾向があると思われるかもしれないニューヨーク子の統計は、国全体の統計にたいしてほんのわずかの偏差を示すだけである。この自殺の神話はすっかり規定のものとなっている……（しかし少なくとも）当時は、高い窓から飛び降りるという古めかしい方法にしたがった人は、ほとんどいなかった」

今回も株価が大暴落したアメリカでは、二〇〇八年一月、破綻したフィールドストーン・モーゲッジの副会長が、妻を殺して自殺を遂げたのでアメリカのマスコミは色めき立った。しかし、調べてみると何のことはない、金融ビジネスに行き詰まったというわけではなく、家庭内の揉《も》め事が原因だった。他にも自殺事件はあるが、どうも株式で資産を失ってとか、金融機関での仕事で大失敗をしてというケースはいまのところ見当たらない。

私が高校生のころ観たナタリー・ウッド主演の映画『草原の輝き』では、ボーイフレンドの父親が、一九二九年の株価暴落で財産を失って自殺するという話になっていた。このときは別に奇妙だとは思わなかった。また、最近も映画『タイタニック』の最後に、主演女優の許婚《いいなずけ》役が、後にニューヨーク株式市場の暴落で破産して自殺するというナレーションが流れるのを聞いた。これも、不自然には思わなかった人が多かっただろう。しかし、この分かりやすい自殺話は、実は神話や伝説の類でしかないとなれば、思い出の映画もやや色あせてしまう。

詐欺まがいのポンジ・システムは金融の一種

一九二〇年代のアメリカには多くの金融不祥事が生まれた。そのなかでも、チャールズ・ポンジが行なったビジネスは「ポンジ・システム」と呼ばれ、いまも当時の金融ブームを象徴する逸話として知られている。ポンジはフロリダ不動産バブルなどで一旗あげる以前に、窃盗や詐欺で何度も逮捕されていたが、二〇年代には資産運用会社を作って、大衆から膨大なカネを掻き集めることに成功した。

ポンジは「四五日間、カネを預けてくれたら、五〇%の利子を払う」と約束したものの、最初からその契約を遵守する気などなかった。ところが、これがすごい人気を呼んで巨額の資金が集まってしまったので、最初は集めたカネの一部で利子を払い、途中からは言葉巧みに顧客に再投資を勧めてごまかした。

いよいよ行き詰まってからも、言い逃れできると思ったらしく逃げようとしなかったので、恐くなった部下が有り金をすべて持っていなくなってしまった。ポンジは、投資家たちを騙し続けたし、窮地に陥ってからも自殺などしなかった。ただ、つまらないチンピラの部下にしっぺ返しを食ったのである。

読者は、こうしたポンジの事件は犯罪であり金融などではないというだろう。しかし金融経済学者ハイマン・ミンスキーは『金融不安定の経済学』（多賀出版）のなかで繰り返しこの「犯罪」を「金融」のひとつの典型として論じている。

「たとえ本人の意図が必ずしも詐欺を目的とするわけでなくとも、ポンジ金融は、きわめてしばしば、常軌を逸した詐欺的な金融慣行と結び付いている。投資資金を借り入れたり、所得を

手に入れたりする、利子や配当を支払う経済の主体は、さまざまな形態のポンジ金融に従事している」（一部表記を変更）

ミンスキーの考察を待つまでもなく、人々に投資を持ちかける金融機関の職員や、あっちこっちから資金を調達してくる投資家にとって、人のカネは俺のものであり、俺のカネは俺のものに見える。したがって、儲かったときには儲けはなるたけ自分のものにしようとするし、儲からなかったときには損失は人に押し付けるという傾向が顕著となるわけである。

自殺するのは投資家ではなく地道な経営者たち

一九二〇年代に急速に拡大したポンジ金融は、この時期に異常発達をとげた投資信託で、少額の元手しかなくとも、何十倍もの資金を募集した。いったん利益が出た後でも、大儲けできると信じ込まされた大衆は、なけなしのカネを再投資した。それが博打に参加することだったと知ったのは、大暴落が起こった後のことである。

こうしたポンジ金融が復活するのは、長い厳しいアメリカ政府の規制が緩和された、一九八〇年代になってからだった。つい最近まで世界の金融をリードしていた投資銀行による手法は新しいもののように見えたが、その原理は、基本的には言葉巧みに他人の資金を掻き集め、リスクの高い投資を行なう一九二〇年代と同じようなものにすぎなかった。最近のサブプライム問題の研究でも明らかになっているが、安全な証券は関連金融機関に譲渡し、危険な証券は外部の金融機関に売りつける傾向が強かった。

戦後の混乱期に登場した「光クラブ」は、このポンジ金融からすれば、はるかに健全な金融業だった。東大法学部学生の山崎晃嗣は一三％の配当で資金を集め、それを二一％から三〇％の利子で中小企業に融資していた。ところが、ヤミ金融容疑で捜査を受けると信用を失って、三八四人の出資者が返済を要求したことからあっという間に行き詰まり、青酸カリで自殺してしまった。ポンジなどと比べると、かなりひ弱な感じがしないでもない。

長期不況の時代に日本では、経営者や管理職の自殺が急伸して話題になった。しかし、これは地道な製造業や流通業の人たちであり、他人のカネを右から左に動かして自分たちの利益をあげていたポンジ金融関係者ではない。そして、今度の株価大暴落でも、日本の投資家のなかで自殺が蔓延したという話は、いまのところ聞いていない。自殺するとすればむしろ、社員を抱えて倒産した中小企業の経営者だろう。

デタラメ21 ドルはほどなく基軸通貨から転落する

アメリカ金融が崩壊するとドルは捨てられるのか

二〇〇八年、投資銀行ベア・スターンズの政府による救済に続いて、政府系住宅金融機関のファニーメイとフレディマックが事実上国有化された。さらに、投資銀行リーマン・ブラザーズが破綻し、メリルリンチは政府の支援の下に他の金融機関に買収され、保険会社ＡＩＧも完全に政府の管理下におかれてしまった。

ここまでアメリカの金融機関が危機に陥ったのは、一九二九年の株価大暴落に端を発する大恐慌以来のことといえる。当時は、商業銀行が次々に取り付け騒ぎを起こし、一九三三年に成立したルーズベルト政権は、「バンク・ホリデイ」という、銀行を一斉に休業させて経営内容を審査するという異例の処置に出たことはすでに述べた。

これ以降、アメリカの商業銀行は連邦準備制度の管理下におかれ、第二次世界大戦が終わった後の一九五〇年代まで、アメリカ政府が発行した戦時国債を引き受けさせられた。今度のアメリカ金融の大混乱は、投資銀行についても商業銀行並みの管理と検査を行なうきっかけとなったわけである。

これほどの混乱なのだから、世界の基軸通貨として君臨してきたドルが暴落し、その結果、基軸通貨としての地位から転落するという説が出てきてもおかしくない。これまでも、一九八七年の株価大暴落「ブラック・マンデー」のさいにも、ドル暴落と基軸通貨からの転落が噂されたものだった。しかし、かなりの価値下落は見たものの、暴落とまではいかなかった。また、基軸通貨から転落することもなかった。なぜだろうか。

まず、ドルが暴落の兆しを見せると、それを阻止する国が必ず現れるということだ。今回も投資銀行や商業銀行が危機に陥ると、中東やアジアの政府系ファンドが融資して破綻を回避させようとした。一九八〇年代のドル危機のさいには、日本がさかんにアメリカの国債を購入してドルの下落を支えた。こうした国々は、自分たちがドルを大量に保有しているので、急に価値が下がってもらっては困るのだ。

また、基軸通貨から転落するというのは、歴史を振り返っても稀にしか見られない出来事で、少しくらい価値が下がったからといって、そう簡単に起こるものではない。大英帝国のポンドは、基軸通貨として世界を支配したが、その地位から転落したのは、何十年もの危機的状態が続いてからのことだった。

現在のドルの存在感はどれほどのものなのか

一九九〇年代にユーロが登場したときも、ドルの地位は危ういといわれたが、いまのところユーロがドルに取って代わるという事態には至っていない。たしかに、EU内ではユーロ建ての債券が多く起債されるようになり、二〇〇六年には国際債券市場におけるユーロ建てのシェアは四五％に達し、アメリカ・ドル建ての三七％を上回った。

また、ドルはユーロに対して長期的には下落傾向にあるので、大量にドルを抱えている国、たとえば中東諸国などでは、外貨準備資金をドルからユーロに移す傾向もみられる。これは当然のことで、目減りする通貨をそのまま持っているより、その一部を高くなっている通貨に換えておくほうが有利だったからだ。

しかし、それでは世界で貿易などの取引のさい、決済に使われている通貨は何かといえば、いまも依然としてドルなのである。世界での決済における割合は、二〇〇七年時点でドルが四三％であり、ユーロは一八・五％にすぎない。これではユーロはまだ二分の一にもなっていないわけで、とても基軸通貨の地位を奪いつつあるとはいえない。

ドルの決済における割合は、二〇〇一年が四五・二％、二〇〇四年が四四・四％、二〇〇七年が四三・二％と、たしかに、長期低下傾向にあるかもしれない。しかし、ユーロも二〇〇一年が一八・八％、二〇〇四年が一八・六％、二〇〇七年が一八・五％と、こちらも同じく低下傾向にある。

それでは、他の通貨はどうか。日本の円は同じ年で、一一・四％、一〇・二％、八・三％と目も当てられない下落ぶりだ。とはいえ、最近の経済成長を背景に、アジアの共通通貨になるなどといわれている中国の元などは、二〇〇七年が〇・三％と、まだまだ力不足だろう。

ポンドにみる基軸通貨の没落プロセス

ここで基軸通貨下落の歴史を振り返ってみよう。大英帝国のポンドが、アメリカのドルに取って代わられるまでには、長い時間が必要だったと先に述べた。では、どれほどの時間が必要だったのか。先に結論をいっておくと、ざっと五〇年はかかったといえる。

一九世紀、日の沈まぬ帝国となった英国は、基軸通貨ポンドを擁して、世界経済をリードしていた。しかし、まず、ドイツ帝国が産業においてライバルとして勃興。第一次大戦でドイツは後退するが、このころには、すでにアメリカが産業の総合力においては英国を超えていたといわれる。

しかし、アメリカは中央集権に対する反発もあって、中央銀行を持っていなかった。やっとのことで中央銀行に相当する連邦準備制度ができたのは、なんと一九一三年になってからだった。第一次世界大戦が終わったときには、名実ともに世界経済をリードしているのはアメリカになる。ところが、この時点になってもまだ、基軸通貨はポンドだったのだ。

ことに一九二九年にアメリカが大恐慌で混乱に陥り、基軸通貨どころでなくなると、ポンドは再び活気を取り戻したように見えた。結局、アメリカのドルが世界の基軸通貨と目されるようになるのは、一九四四年、ブレトン・ウッズ会議で第二次世界大戦後のＩＭＦ（国際通貨基金）を、ドルを中心に作り上げることで合意してからである。

それでもまだ、ポンドはドルと同時に基軸通貨として使われ続け、一九四七年にインドが正式に独立してからも、補助的な基軸通貨であり続けた。最終的に基軸通貨的な役割を終えたのは一九六四年ごろだといわれている。

これはロンドンの金融街が政界と強く結びつき、ポンドの没落を遅らせるためにさまざまな工作をしたこともあったが、いったん基軸通貨の地位を手に入れて時を経ると、国際取引における習慣や制度が、惰性を持つようになるという側面もあると思われる。

アメリカにとっての「ボーア戦争」はいつだったのか

大英帝国が衰退の兆しをみせたのは、一八九九年から一九〇二年まで続いたボーア戦争だった。英国は金鉱に目がくらんで、やらなくてもよい戦争に突入し、国際社会における道義を失い、経済的にも消耗した。このときから数えて、約半世紀で英国の通貨であるポンドは、基軸通貨の地位から転落したわけである。

ここからは、まったくのアナロジー（類推）で考えていることになるわけだが、もし、道義なき戦争によって消耗して衰退のプロセスに入り、基軸通貨の地位を半世紀後に失うとすれば、アメリカにとってのボーア戦争は何にあたるのかという興味が起こってくる。

七〇年代から八〇年代にかけて、アメリカ経済が停滞を示しているように見えた時期には、アメリカのボーア戦争はベトナム戦争だといわれた。ベトナム戦争では最終的には撤退に追い込まれ、その後のアメリカ社会が荒廃したからである。この説が正しいとすれば、ドルの基軸通貨からの転落は、二〇二〇年ごろに完了することになるだろう。

しかし、九〇年代にアメリカ経済はＩＴと金融工学で立ち直ったとされたこともあった。ＩＴバブルの崩壊と金融機関の相つぐ破綻が最終的に息の根を止めたが、二〇年あまり未曾有の繁栄を誇ったことも否定できない。この場合には、アメリカにとってのボーア戦争はイラク戦争ということになるかもしれない。

ということは、二〇五〇年ごろまではドルの基軸通貨からの転落は最終的に完了しないという結論になる。とはいえ、その間、ポンドがそうだったように、他の通貨の挑戦を受けて動揺し、しだいに使い勝手の悪い基軸通貨になっていくのは避けられないだろう。

デタラメ22 ユダヤ人が支配している世界経済は

金融経済をリードしてきたユダヤ系金融機関

言葉の定義にもよるが、「ユダヤ人が支配している」といったときの「支配」という言葉は、「ユダヤ人は一枚岩で活動し、他の力を寄せ付けない」という意味に受け取るのが普通だろう。そういう意味では、これから述べるように、「ユダヤ人」が世界経済を「支配」しているとはいえない。

たとえば、この「世界経済」を「世界金融経済」に、「支配」を「リード」に、そして「ユダヤ人」を「ユダヤ系金融機関」という言葉に変えれば、ごく最近まではそれも間違いだとはいえなかった。

二〇〇七年の夏まで、世界の金融を引っぱっていたのは、ゴールドマン・サックス、モルガン・スタンレー、リーマン・ブラザーズ、ベア・スターンズ、ソロモン・ブラザーズ（一九九七年にトラベラーズが買収）といったアメリカの投資銀行だった。このうち、ゴールドマン・

サックスとベア・スターンズ、ソロモン・ブラザーズは「ユダヤ系」といえたし、リーマン・ブラザーズも「ユダヤ色の強い銀行」とするのが妥当な認識といえる。

また、一九八〇年代以降、いわゆる「乗っ取り屋（レイダーズ）」として名を馳せた、ソール・スタインバーグ、カール・アイカーン、アーウィン・ジェイコブズ、ジェームズ・ゴールドスミス、アイヴァン・ボウスキー、ヘンリー・クラビス、ロナルド・ペレルマンといった面々も、ユダヤ系とされている。

さらに、ヘッジファンドの世界もユダヤ系が多い。クォンタム・ファンドで巨万の富を築き上げたジョージ・ソロス、スタインハート・パートナーズを主宰しているマイケル・スタインハートなどもユダヤ系である。

こうしてみると、アメリカを中心とする世界金融経済は、ユダヤ人に支配されているといいたくなる。しかし、そのユダヤ系の投資銀行がいま次々と破綻して、政府の救済の対象になっている。単純なユダヤ人支配説やユダヤ人陰謀説は、少し考えてみただけでも、矛盾をきたすことが多いのである。

「ユダヤ人」「ユダヤ系」という言葉の定義もバラバラ

そもそも、私たちがユダヤ人という言葉を使うとき、いったいどのような人を指しているのか、不明瞭だということに気づくべきだ。

いまもユダヤ教を信仰し、教会であるシナゴーグに通っている人たちは、間違いなくユダヤ人だろう。しかし、すでにキリスト教に改宗した人や、改宗した人の子孫、あるいは無神論者になった人なども、ユダヤ人と呼んでいることは多い。

たとえば、カール・マルクスという社会主義者は、父親がキリスト教へ改宗したユダヤ人弁護士だったが、いまも「マルクスはユダヤ人だった」という言い方をする人は少なくない。まったく立場が違う自由市場主義者ミルトン・フリードマンについても、彼はユダヤ移民の家庭に生まれてシナゴーグに通ったが、若いころに不可知論者になった。それでも「フリードマンはユダヤ系だった」ということがある。

こうした社会的あるいは文化的なものではなく、政治的な分野においても「ユダヤ人」の定義は明瞭ではない。たとえば、イラク戦争の開戦前に、イラク侵攻に賛成か反対か、アメリカのユダヤ人に数回のアンケート調査を行なったところ、五二%から六二%が反対だった。高い比率で賛成していたのは「イスラエル・ロビー」といわれる集団であり、けっしてユダヤ系アメリカ人全体ではなかったのである。

もちろん、経済の分野でも、「ユダヤ人」の定義はそれほど明確ではない。日本でユダヤ人経済の研究を続けてきた佐藤唯行氏による、「ユダヤ系」「ユダヤ色の強い」金融機関の定義を紹介しておこう。まず三つの条件がある。
（1）創業者がユダヤ人であり、その後、長らく一族経営が続いた。
（2）最高経営責任者、あるいは所有者がユダヤ人である。
（3）ユダヤ人が社の中枢を担う部門の長として、企業文化の形成に多大な影響をおよぼしているか、あるいは社の収益を一手に稼ぎ出している。彼らは対外的にも著名で、社を代表する「顔」となっている。

この三つの条件のうち、三つすべてを満たすのが「ユダヤ系」の金融機関であり、二つを満たすのが「ユダヤ色の強い」金融機関ということになる。実は、先ほど金融機関を「ユダヤ系」とか「ユダヤ色が強い」としたのは、佐藤氏の定義による。

ユダヤ系金融機関が「一枚岩」であるのか

これまでも、「ユダヤ人」だけでなく、「アメリカの六〇家族」や「フリーメーソン」、あるいは「パワー・エリート」がアメリカを支配しているという説が絶えないので、ロバート・ダールという政治学者が、「支配」していると主張する場合には、次の条件が満たされていることを証明すべきだと提案したことがある。
（1）その支配集団は、かなりの程度で限定されている。

(2)その支配集団が決めたことが、他のどの集団の決断とも相反する。
(3)その支配集団が決めたことが、まったくの優先権を持っている。
もちろん、これで世の中の思い込みをすべて排除できるとは思わないが、安っぽい陰謀論にひっかからないためには、ある程度役に立つだろう。

まず、(1)の条件だが、ユダヤ人になりたくても、そう簡単になれるものではない。したがって、ユダヤ人が限定されていることはたしかだ。(2)の場合も、ユダヤの戒律などは他の宗教と相反するだろう。しかし、(3)の条件は成立しない。ユダヤ人が決めた戒律が、他の民族の戒律を左右することはないからだ。これは、「ユダヤ人」を「ユダヤ系」にまで拡大すると、ますますこれらの条件がすべて成り立つのは難しいことになる。

では、ユダヤ系金融機関の集団の場合にはどうだろうか。(1)の条件は、単にその社員になることは容易でも、その金融機関のトップになるのは容易ではない。その意味で、この条件はある程度成り立っている。

とはいえ、(2)の条件は成立が難しいだろう。ユダヤ系金融機関が決めた取引ルールは、他の非ユダヤ系金融機関も参入できるし、そうしないと大きなビジネスにはならないからだ。また、(3)の条件も成り立ちがたい。ユダヤ系金融機関がいくら新しいルールを作っても、他の国が独自に作る金融ルールより常に優越するとは限らない。

ウォール街とワシントンの利害が一致した時代

しかし、ユダヤ系金融機関が作り出した新しいルールや新しいビジネスモデルに関して、強い政治的な支持が存在すればどうだろうか。

まず、国内のユダヤ系金融機関が編み出した新しいルールを、法制的に支持することは難しくない。また、ヨーロッパの金融機関や日本の金融機関に政府を通じて働きかけて、それを国際金融ルールにすれば、ユダヤ系金融機関は世界金融を「支配」はしていないとしても「リード」することはできる。

実際、一九九〇年代以降、「ワシントン・コンセンサスは、ウォール街コンセンサス」などといわれ、アメリカ政府の金融経済政策とユダヤ系金融機関がリードしているウォール街の方針が、きわめて緊密になった。アメリカの経済学者ジャグディシュ・バグワティは、こうした政府と金融の結合を「ウォール街＝アメリカ財務省複合体」と呼んでいる。

この「ウォール街＝財務省複合体」は、ウォール街の覇者であるゴールドマン・サックスの会長を務めたルービンやポールソンといった人たちが、財務長官に次々と就任することによって強化されてきた。では、この「ウォール街＝財務省複合体」を通じて、ユダヤ系金融機関は世界経済を「支配」したのだろうか。

そうでなかったことは、二〇〇七年夏に顕在化したサブプライム問題で、ユダヤ系金融機関が次々と破綻し、あるいは政府に救済してもらうしかなくなったことで明らかになった。ユダヤ系金融機関、ことに投資銀行は、自分たちが作り上げた新しいルールが世界を支配していると錯覚したかもしれない。しかし、その新しいルールが世界金融市場を暴走させると、自分たち自身が破綻するのをどうすることもできなかった。

それでも、ゴールドマン・サックスのようなユダヤ系金融機関は生き残っているから、彼らはこれからも「支配」を続行するのだという人はいるかもしれない。しかし、もし、本来の意味で「支配」する力があったなら、このような投資銀行全般の破綻になどなるわけがなかっただろう。そもそも、助かったところと破綻したところがあること自体が、彼らが一枚岩の支配集団などではなかったことを示している。

たしかに、ユダヤ系金融機関は、アメリカ政府の支持の下に世界金融を「リード」した。しかし、その「リード」も、そしてアメリカ政府の支持も、今回の破綻をもってしばらくは後退することになるだろう。

デタラメ23 燃料電池が実用化されればエネルギー問題は解決する

燃料電池は現代の「永久機関」ではない

エネルギー問題が起こるたびに、石油や原子力に依存しないエネルギーの夢が語られる。もちろん、そのなかには太陽電池や風力発電など、部分的に代替が可能なエネルギー源についての夢もあるが、ときどき非科学的な妄想が混じる。燃料電池はまったくタダでエネルギーを得られる装置だというのもそのひとつで、せっかくの新技術も胡散《うさん》臭くみられ、かえって開発が遅れてしまうだろう。

燃料電池は有害な廃棄物を出すことがないクリーンな装置で、排出されるのも水だけだという話が、水から燃料になる水素がいくらでも分離できるので、無尽蔵にエネルギーを引き出せるという話に化けてしまったのである。これでは、まるで古代以来の「永久機関」神話であって、まさに近代の自然科学が否定し続けてきたものにほかならない。

たとえば、ガラス製の「水飲み鳥」は何からもエネルギーを得ないで、永久に水を飲み続けているように見える。これが永久機関かといえば、そうではない。水飲み鳥の尻の部分にはエーテルが入っていて、室温を吸収してエーテルの一部が気体に変わる。

気体になったエーテルは体積が増え、液体のエーテルを鳥の尻から頭部に押し上げるので、鳥は傾いてコップの水に嘴《くちばし》を入れる。すると水によって濡れた嘴と頭部が冷やされるので、エーテルは液体に戻って尻に下りてくるのである。

また、ガラスのビンの中心に細い軸が通り、右側が白に、左側が黒にぬられた薄い金属板が入っている飾り物がある。これを明るい部屋におくと、左の黒の方向に薄い金属板が回りはじめる。オブジェとしては面白いが、これも永久機関ではない。

ビンのなかに入っている薄い気体の分子が、部屋のなかの光を受けて温度が上昇した黒い面の部分で活発に動きだし、薄い金属板を押すので、黒の面のほうに回りだすのだ。永久機関に見えるものは、実は、室内の温度であろうと室内の光であろうと、いずれにせよ、何らかのエネルギーを外から得ている。

燃料電池も「永久機関」ではないから、排出するのが水だけであっても、何かを「燃焼」させている。「燃焼」というのは激しく化学反応を起こすことを意味する。だから、正確にいえば燃料電池においても何ものかが、化学反応を起こしてエネルギーを生み出しており、それは外から入れなければ起こりえない現象なのである。

いま自動車に使われている燃料電池の仕組み

燃料電池はさまざまな種類があるが、注目されている自動車の燃料電池は、「固体高分子型」といわれるものが多く、外から入れる燃料としては水素、メタノール、天然ガスなどが使われている。原理そのものは、昔、中学校で理科の時間に作った密封型の電池とそれほど異なるわけではない。違いは燃料電池の場合、燃料が外から入り続けることである。

燃料電池では、燃料である水素あるいは水素を含むガスなどが吸い寄せられる電極と、空気あるいは酸素が吸い寄せられる電極の間に電気が起こって、この電気で自動車のモーターを回す。水素と酸素をいきなり反応させれば爆発するが、それを緩慢に化学反応させて電気を取り出し、できた水を廃棄物にする仕組みなのである。

なんだ、それだけのことか、と思う人がいるかもしれないが、爆発させずに電気のかたちでエネルギーを取り出すというのは、大変な工夫が必要だった。そもそも、水素というのはすぐに発火してしまうから、その運搬にも多くの工夫が必要だった。ましてや、自動車の小さな空間で、なるたけ効率よく化学反応を起こさせるのは、電極にどのような金属を使うかなど、さまざまな技術と膨大な資金が必要だったのである。

しかも、いまだに実験段階であり、とても商業ベースで実用化されたとはいえない。まだ、技術的にもビジネス的にも、多くの克服すべき課題があるからなのだ。

水素がいいか、天然ガスがいいか、ガソリンがいいか

まず、いまだに燃料とすべきものが、国際基準として決まっていない。日本でも天然ガスを「改質」したガスを使う案と、天然ガスから水素を取って水素を直接使う案が、いまもせめぎ合っているというのが現実だ。

これは技術問題であるようにみえて、実は、ビジネス問題でもある。というのは、天然ガスの供給は、日本ではヨーロッパなどに比べてまだ多くなく、その供給ルートも改めて考えなくてはならないからだ。

しかも、たとえ天然ガスに決まっても、少なくとも二つの問題を抱えることになる。ひとつは、天然ガスを安定供給してくれるガス田をどこに求めるかである。天然ガスはいまのところ、石油ほどには国際市場が発達していない。したがって、石油のようにどこにいっても安定した供給を期待できるという強みがない。

もうひとつは、天然ガスは、輸送にパイプラインが使われるので、地域リスクや政治リスクも石油よりずっと高いという問題がある。たとえば、東南アジアのガス田と契約して安定供給を目指したとしても、もし紛争などが起これば、あっという間に供給が途絶えることも考えら

れる。サハリンあたりの天然ガスに決めたとしても、ロシアが政治的意図を持って、途中から売らないといいだされないともかぎらない。

エネルギーを中東の石油に依存しすぎているということが、日本で燃料電池を開発するひとつのモチーフになっていたはずだ。しかし、自動車を燃料電池に切り替えたところ、かえって地域リスクが高まって、安定供給が難しくなるということも起こるかもしれない。

少しも変わらないエネルギー小国の危機的状態

不気味なのは、アメリカでの燃料電池開発である。石油メジャーのひとつエクソンも、燃料電池には高い関心を持って開発を続けているが、それは、燃料電池の燃料をガソリンにしたいからなのだ。

ガソリンはかなり「改質」しないと燃料電池には使えないが、いまのところ地域リスクや政治リスクは低いので、燃料電池の国際基準もガソリンにしようということになるかもしれない。そうなったら、日本は何のために燃料電池を開発してきたのか、さっぱりわからなくなってしまうだろう。

もちろん、燃料電池はきわめて熱効率のよい装置だから、地球温暖化防止や環境保全にとっては、これほど貢献できるものもない。しかし、燃料電池は残念ながら「永久機関」ではないから、自動車がすべて燃料電池になっても、日本は天然ガスか石油を大量に輸入せざるをえないだろう。

その意味で燃料電池の時代がやってきても、エネルギー輸入国である日本が、これからもエネルギー源をどこに求めるかという戦略的努力から解放されるわけではないのである。

デタラメ24 バイオエタノールを製造すると食糧がなくなる

トウモロコシの高騰はバイオエタノールのせい

周知のようにアメリカのブッシュ政権は、二〇〇五年に「エネルギー政策法」を成立させた。ガソリンの添加物にバイオエタノールを用いることを推進し、中東への石油依存からの脱却をはかるものだった。国内のトウモロコシによるバイオエタノール製造が加速したので、トウモロコシの価格が高騰し、開発途上国のなかには暴動が起こった国もあった。

トウモロコシの輸入をアメリカに依存している日本への影響も大きく、トウモロコシ栽培へのシフトは大豆栽培を縮小することを意味したので、日本で豆腐の原材料となる大豆の価格も高騰した。私もこうしたニュースを聞いたときには一種の義憤にかられたものだが、バイオエタノールと食糧との関係について、もう少し実態を知る必要があるだろう。

たしかに、世界銀行が発表したレポートでも、バイオエタノール製造が食糧価格の高騰を招くと指摘し、価格上昇の七五％がバイオエタノール製造によるという試算もあったという。この試算の公表についてアメリカと世界銀行との間に対立があったという話も、多くの憶測を生み出す元となった。

しかし、それでは先進諸国がバイオエタノール製造に夢中になるあまり、自国が消費する食糧までバイオエタノールにしてしまうという事態はあるだろうか。まず、考えられないだろう。というのは、先進諸国におけるバイオエタノール製造というのは、実は、自国の食糧自給率を高めるための政策として行なわれているからだ。

世界の多くの国が農産物をバイオエタノールに転換しているのは、その農産物を軽視しているからではなく、逆に重視するからこそバイオエタノールに転換する。つまり、その農産物が主食であるから、あるいは農業に欠かせないものであるからこそ、常に過剰生産状態にしておいて、価格を低下させて国民に安定供給し、余った分をバイオエタノールに転換し、自動車の燃料にしているわけである。

基本的食糧を確保するためにバイオエタノールを製造する

世界のバイオエタノール利用用途は、二〇〇五年実績で燃料が七七%を占め、飲料は一五%、工業用が八%と、圧倒的に燃料が多い。しかも、二〇一五年予想では、全体の八五%が燃料になると予想されている。

先駆的な試みはブラジルのサトウキビで行なわれた。ブラジルのサトウキビは砂糖の原料だが、その年の天候によって生産量が不安定になり、世界の市場価格によって値段も変動が大きかった。また、一九七〇年代には石油ショックが世界を襲い、石油価格は高騰した。

そこでブラジル政府は、サトウキビを常に過剰生産しておき、余った分を自動車燃料にするという、農業援助とエネルギー対策の両方に有効な政策として、バイオエタノール製造を推奨したわけである。

最初は政府から補助金が出ていたが、一九九〇年代になるとバイオエタノール産業は安定した一大産業となり、補助金もいらなくなった。国内の自動車のなかには一〇〇％バイオエタノールで走るものもあり、いまや安価なバイオエタノールの輸出国でもある。

アメリカのトウモロコシによるバイオエタノール製造、ブラジルのサトウキビによるバイオエタノール製造についてはよく聞くが、たとえば、フランスの小麦によるバイオエタノール製造、ドイツの甜菜《てんさい》によるバイオエタノール製造についてはあまり知られていない。

フランスはかつて、補助金を出して小麦を過剰生産しておいて、余った分は開発途上国に輸出していた。しかし、それでは開発途上国の農業に打撃になるので、ＷＴＯ（世界貿易機関）が補助金付きの農産物輸出を原則禁止にした。そこでフランスは、あまり熱効率はよくないのを承知の上で、小麦のバイオエタノール転換を推進して、ＥＵ内の自動車の燃料に転換しはじめたのだ。

興味深いのはドイツの甜菜で、ヨーロッパの畑作は輪作を行なうが、このさい作物のローテーションに甜菜は欠かせない。しかも補助金を付けて援助してきたから、甜菜は常に過剰生産になり、以前は甜菜から作られた砂糖を中東に輸出していた。ところが、これはWTOの補助金付き農産物輸出の禁止条項にひっかかるため、甜菜の余剰分はバイオエタノールに転換するようになったわけである。

現在、EU全体のバイオエタノール産出量は、世界全体からみれば七%を占めるにすぎないが、二〇二〇年までに輸送燃料の一〇%をバイオエタノールに切り替えるのが目標だという。ヨーロッパも食糧政策としてのバイオエタノールには力を入れているのだ。

アメリカの農業補助金は巨大農業会社を援助している

農産物に補助金を付けているのは、他の先進諸国と同じでも、アメリカの場合にはかなり様子が異なる。輸出トウモロコシを栽培するのに、補助金を出せばWTOの禁止条項に抵触する。もちろん、バイオエタノール用のトウモロコシに補助金を出すのも、バイオエタノールを輸出していれば同じことである。

そこでアメリカでは、トウモロコシ栽培にではなく、トウモロコシをバイオエタノールに転換するバイオ工場や施設に補助金を出すことにした。こうすれば、農家は安心してバイオエタノール用のトウモロコシを増産できるわけだ。しかも、巨大な農業会社の場合には、トウモロコシ栽培とバイオエタノール製造を両方やっているわけだから、いずれにせよ補助金は入ってくる。ずいぶんと小ずるいやり方といえる。

現在、バイオエタノール一ガロン当たり五一セント相当の補助金があるといわれるが、これはエタノール生産過程全体でみたときの補助金であり、その金額はブラジルから入ってくる安いバイオエタノールに対抗できる水準にまで価格を引き下げるためのものなのだ。つまり、この政策はトウモロコシを安定供給させるためというより、事実上、トウモロコシ栽培に補助金を与えて、トウモロコシおよびバイオエタノールの輸出に拍車をかけるためなのである。

二〇〇五年に制定された「エネルギー政策法」は、長期的に見れば、アメリカ国内のトウモロコシの価格安定にとって効果的なものだった。それはブラジルのサトウキビと同様に、トウモロコシの用途を広げて過剰生産を可能にするからである。短期的には、急激に国内のトウモロコシへの需要が高まり、価格を高騰させる結果となったが、投機マネーが引き揚げれば価格が安定することも考えられる。

しかし、アメリカのトウモロコシが、WTOの禁止条項に抵触すれすれの補助金によって増産されていることは否定できない。これは開発途上国のトウモロコシ栽培や他の穀物栽培に大きなダメージを与えているわけである。

日本でもコメをバイオエタノールに転換する試みがある

日本は食糧の自給率が四〇%と低く、先進国ではかなり稀な存在である。ほとんどの国が一〇〇%あるいはそれ以上の自給率を維持しているのに、なんら有効な対応策が採られていない。それどころか、農地をほかの目的に転用する傾向がいまも強く、本来作れるコメを作らないで、コメの価格を維持する減反政策が採られてきた。

しかし、最近は農地の転用や減反を止め、余剰のコメでバイオエタノールを製造してはどうかとの主張もなされている。それどころか、実際に多量にコメが実る稲の品種を用いて、コメのバイオエタノール製造が試みられている。もちろん、このバイオエタノールの価格をどこまで下げられるかは問題だろう。

そこで、ある日本の研究者は、コメの転作奨励金である「産地づくり交付金」を、この多収量米に適用して、バイオエタノール製造を加速すればいいと指摘している。こうすれば、農地の転用や減反政策などしなくてすむようになるというわけだ。しかも、エネルギー政策にも貢献することができる。

これまで、日本のコメに補助金がついていることが、世界でも珍しい政策だと信じてきた人は多い。しかし、すでに述べたように、先進諸国が自国の重要な農作物に補助金を付けているのは珍しいことでもなんでもない。むしろ、それは食糧の自給率を高め、主食や重要な作物の価格を安定させる政策として行なわれてきたのである。

もちろん、アメリカのように余剰分を輸出すると開発途上国への打撃となるが、自国内で余剰分をバイオエタノールに転換して消費すれば、そうした弊害も少なくてすむだろう。私たちは世界の農業事情についてあまりにも知らない。ここらで発想の転換をして、世界の農業事業についての情報を集め、国民的な規模でコメのバイオエタノール製造を真剣に考えてみてはどうだろうか。

デタラメ25 日本に資源は少ないが、水だけは豊富にある

食糧を輸入するのは、水を輸入することになる

水の値段が高くなると聞いて多くの人が思い浮かべるのは、ミネラル・ウォーターの値段が上がるということかもしれない。

しかし、農業に使われる水が日本でも不足するといわれれば「日本の水資源は豊富なはずだ」と反発する人は多いだろう。そういう人は、日本が大量に輸入している食糧は、大量の水によって栽培されているという事実を忘れているのである。

日本はトウモロコシ、大豆、小麦などの穀物を、毎年、大雑把にいって三〇〇〇万トンも輸入しているが、これは専門家の換算によると約一二〇〇万ヘクタールの耕地に相当するという。日本の耕地面積は現在、約四七〇万ヘクタールだから、日本は自国の二・六倍の耕地を輸入していることになってしまう。穀物を一トン収穫するには一〇〇〇トンの水が必要なので、輸入穀物だけで実は三〇〇億トンの水を輸入していることになる。

さらに、他の野菜や果物などすべての農産物の輸入量から換算すると、なんと、輸入している水は約六五〇億立方メートルにもなる。日本国内の灌漑《かんがい》用水の使用量が五七〇億立方メートルだから、すでに農産物を通じて輸入している水は、国内の灌漑用水量をはるかに超えてしまっているのだ。日本の水の六六%は農業に使われているから、あとの三四%をすべて農業に使ったとしても、現在日本人が消費している農作物を自給することはできない。

食糧に使われた水を想定して、全体としての水の消費量を計算するヴァーチャル・ウォーター（仮想水）論は、ロンドン大学教授のトニー・アランによって提唱されてきた。彼によれば「乾燥地帯の中東は水不足のように見えるが、豊富なオイルマネーがあるので、他国が大量の水を使って生産した農産物を輸入している。したがって、水資源が乏しくとも実際には水不足にはならない」というわけである。

先ほどの日本についてのヴァーチャル・ウォーターの試算によれば、水資源の豊かな日本は、実は、中東にある砂漠のなかの国と、状況はそれほど違うわけではないことが明らかになってしまうのだ。

中国の「成長」は、肉類の「爆食」、水の「爆飲」

同じようなことは、現在、経済が急伸している中国についてもいえる。いや、もっと恐ろしい事態が明らかになる。

中国はかつてのように、小麦や高粱《コーリャン》などの穀物を消費するだけでなく、肉や魚を消費することが多くなり、ことに肉の消費が急激に伸びている。しかし、鶏肉一キロを生産するのに飼料は四キロが必要で、豚肉は飼料七キロ、牛肉は飼料一一キロということになる。

このときの飼料とは穀物がほとんどだから、この穀物を生産するために使われる水を試算すると、驚くべき水資源が必要であることがわかる。鶏肉一キロには四・五トンの水が必要であり、豚肉には六トンの水、牛肉に至っては二万倍の二〇トンの水資源が消費されることになるわけだ。

穀物を中心にした食事は、カロリー計算でいけば非常に効率がよいのだが、経済成長を達成し、食生活がしだいに贅沢になると、穀物を必要とする肉類を食べはじめる。そうすると水も何千倍何万倍もの量が必要になってしまう。

しかも、このように経済が急成長を遂げている地域は、多くの場合、地表の水資源には恵まれていない。ある説によれば、インド、中国、パキスタンの三カ国で、一年間に四〇万立方メートルの水を地下から汲《く》み上げており、これは降雨によって地下に補充される量の二倍に相当するという。

地下水の汲み過ぎは、当然、地盤沈下を引き起こして、上海では深刻な問題になっている。

中国の高官は、水不足のせいで中国は近い将来、穀物は輸入依存になると語り、また、世界銀行は中国に対して、水の需給のバランスを回復しないと「将来の世代にとって壊滅的な結果をもたらす」と警告している（ジャパンタイムズ紙二〇〇八年八月一三日付）。

ウォーター・バロン（水男爵）が世界を支配するのか

こうした水資源に対する不安が高まるなかで、ウォーター・バロンと呼ばれる企業が注目を集めている。フランスのスエズ社、ヴィヴェンディ社、ドイツのＲＷＥ社が保有するイギリス本拠のテームズ・ウォーター社などだ。

これらの水男爵たちは、世界に広がった民営化あるいは民官協調をきっかけに、世界の各地に進出して水供給事業を展開してきた。あるジャーナリスト団体が『世界の〈水〉が支配される！』（作品社）とのリポートを発表して、ウォーター・バロンは世界の七五％の水を支配すると予測しているほどだ。

もちろん、いますぐにもこうした企業が、世界の水を支配してしまうというのは、大袈裟に聞こえるかもしれない。しかし、かつては公共的なものだと思われていた水管理が、英国のサッチャー改革などをきっかけに、民間にも開放されるようになったことから、そのノウハウが民間会社に蓄積されるようになった。

管理のノウハウだけだと思って任せてしまうと、いつの間にか管理そのもの、水資源そのものを支配されてしまう可能性もないわけではない。先のリポートは水とは公的なものだと主張して、ウォーター・バロンたちの動向には注意が必要だと訴えているわけである。

これは日本でも早晩、問題になるだろう。たとえば、いまや公務員が激しく攻撃されて、何でも民間にアウトソーシングすることがよいことだとされている。そのうち、現在は地方公共団体が管理している水資源の管理が、入札して安いところに委託されることになるかもしれない。

そのなかで頭角を現した優良企業は、いくつもの地方公共団体の水管理を一手に引き受けて、やがて日本の「水男爵」へと成長するかもしれないのである。

まず、休耕地で蒸発しているだけの水資源を有効利用せよ

しかし、まず日本がすべきことは、農業に使われている六六%の水資源を有効に利用することだろう。専門家によれば、日本における鉄鋼業や製造業の場合、水の絶対使用量のうち、真水を使うのは二割程度で、あとは再処理水であり、こうした分野の循環利用は世界でもトップクラスだという。

ところが、農業用水に関しては、必ずしも進んでいるとはいえない。日本の水田は、かつて

は水を繰り返し利用する多段階利用だと評価されたこともあるが、現在は減反政策などのために、水田の半分が利用されていない状態なのである。利用されていない休耕田のなかには、ただ水を張って放置されているところすらある。これでは水はむなしく蒸発するだけで、有効利用されているとはとてもいえない。

かつてのように、すべての水田に水を導き入れて水稲を栽培し、できたコメを国内で消費するというシステムは、カロリー効率がきわめてよく、自国内の水を有効に利用していただけではなかった。他国の農作物を輸入しなかった分だけ、他国の水を収奪せずにすんでいたということでもあるのだ。

水は代替の利かない資源であり、農業だけでなく鉱工業からハイテク産業に至るまで不可欠である。それだけに、資源や食糧をめぐって国家間、地域間、公と民との間に軋轢《あつれき》が起こることれからの時代は、水が熾烈《しれつ》な争奪の対象となる危険性をはらんでいる。

デタラメ26 排出権取引をすれば二酸化炭素の排出量は減少する

排出権取引の基本的な仕組みから考えてみよう

地球温暖化の最大の原因が二酸化炭素の排出だとされており、その二酸化炭素の排出権を取引する仕組みができあがりつつある。すでにヨーロッパでは、独自のルールに基づいて排出権取引が始まっているが、世界規模でも京都議定書に基づいて、国家対国家の排出権取引を開始する気運は高まっている。

しかし、本当に、排出権取引をさかんにすることが、二酸化炭素の排出量を減らすことになるのだろうか。結論からいうと、必ずしも排出権取引が二酸化炭素の排出量を減らすことにならないどころか、むしろ、サブプライム問題と同じように、投機マネーを呼び込んで世界的バブルを起こす危険すらある。

そもそも、排出権取引が二酸化炭素の排出量を減らすと喧伝されるが、どうして減らすことになるのか、その根拠は詳しく説明されることが少ない。あのときもっと熟慮しておけばよかったと後悔しないためにも、その根拠をいまのうちに検討しておく必要があるだろう。

まず、この仕組みの概要を考えてみよう。たとえば、Aという国が五〇〇〇万トンの二酸化炭素の枠組みを与えられ、Bという国は四〇〇〇万トンの枠組みを与えられているとする。A国は産業がさかんで実際には六〇〇〇万トン排出しているため、罰金が一〇〇万ドル科されることになる。しかし、B国は途上国で三〇〇〇万トンしか排出しないので、残り一〇〇〇万トンの排出の権利をA国に五〇万ドルで売ることにしたとする。

そうすると、A国は一〇〇万ドルの罰金を五〇万ドルの支払いですませることができて五〇万ドルの得をし、B国は自国の持っている排出権を売ることで五〇万ドル儲かることになる。B国はその収入で産業発展のための投資をすることができるだろう。

A国もB国もハッピーでめでたいことになる。だから、こうした排出権取引をさかんにすれば、排出量を守ろうとする国が増えて、二酸化炭素の排出量は減るというわけだ。しかしこの場合、A国とB国合計の排出量は九〇〇〇万トンであり、取引しなくても同じことなのだ。

排出量取引のための国際市場ができるとどうなるか

ここで排出権取引のための国際市場ができたとしよう。A国とB国が直接取引するのは面倒なので、仲介するαという取引会社が登場することになるだろう。先ほどの取引に少し変化が表れて、α社はB国から一〇〇〇万トンの排出量を四五万ドルで購入し、A国に五五万ドルで売却するとしよう。

そうすると、A国の得は四五万ドルに低下して、B国の儲けも四五万ドルに下がるが、α社がその差額分の一〇万ドルを手にすることができる。しかし、このときにもA国とB国とを合わせた排出量は九〇〇〇万トンで同じである。

ここで、介在する取引会社が多数になったときを考えてみよう。α社がB国から四五万ドルで買いたいといっても、β社は四六万ドルで買うといえばB国はβ社に売るだろう。α社がA国に五五万ドルで売るといっても、γ社が五四万ドルで売るといえば、A国はγ社から買うだろう。介在する取引会社が多くなると、たしかにA国もB国も得をするチャンスが多くなるが、そのことで二酸化炭素の排出量が減るということはなく同じである。

さらに、取引する国の数も多くなったときのことを考えてみよう。B国が四五万ドルで売るといっても、四四万ドルで同じ量の排出権を売るという国が出てくるかもしれない。A国が五五万ドルで買うといっても五六万ドルで買うという他の国が出てくるかもしれない。

売ったり買ったりの交渉が続いて、やはり一〇〇〇万トンの二酸化炭素は、買うときには四五万ドル、売るときは五五万ドルで合意するかもしれない。しかし、このときでも、A国とB国が排出する二酸化炭素がそれ以下に減る保証は何もない。A国やB国以外の国々についてもまったく同様だろう。

排出権取引の国際市場に投機マネーが入り込んだら

二酸化炭素の排出量が減らなくとも、途上国が安い排出権を売ってその資金を開発に役立て、先進国がとりあえず排出を減らさずにすませればまだよいかもしれない。しかし、この国際取引市場に投機マネーが流れ込んできたらどうなるだろうか。

排出量の達成には必ずその達成期限というものが課される。現在はその期限が二〇二〇年に設定されているが、排出量制限を達成できそうにない先進国は、いずれにせよ二〇二〇年までに国際市場から排出権を購入しなくてはならない。

これからまだ一〇年あるとして、排出権は年を追うごとに値上がりしていくことが予想される。というのも、まだ一〇年あると思えば慌てて買う必要がないと思っている国は多いが、二〇一八年ごろになれば、達成が難しくなった国は先を争って買おうとするからだ。

その値段はどこまで高くなるのか。論理的には一〇〇〇万トンを多く排出してしまったさいの罰金一〇〇〇万ドルの直前まで上昇する。厳密にいえば、さまざまな手数料を加えて、それでも一〇〇〇万ドルにはぎりぎりならない金額まで上昇していく可能性があるわけだ。

投機マネーは集められて「排出権ファンド」が設立され、この排出権ファンドが資金量に物をいわせて、B国をはじめとする途上国から排出権を買い占めてしまうことも考えられる。これは四五万ドルよりは高くなるかもしれないが、排出権ファンドがうまく途上国を煽れば、それほど高い価格でなくとも買い占められるかもしれない。

さて、この買い占めた排出権はすでに買い占めの段階で価格は上昇しているが、二〇二〇年が近づくにつれてさらにどんどん高くなっていく。たとえば、二〇一八年ごろには、一〇〇〇万トン当たり九〇万ドルになっているかもしれないが、もうこのあたりで買っておこうという先進国が多くなると、排出権ファンドはそろそろ手仕舞いを考えて、ファンドが有利なところで売ってしまわないと、儲けが減る危険を感じはじめるだろう。

こうして、A国のような先進国は、かつては五五万ドルくらいで買えた排出権を九〇万ドルで買わざるをえなくなるわけだが、それでも全体の二酸化炭素排出量が減るという理由はまったく見当たらない。それでは誰が得をしているかといえば、いちばん得をしているのは、排出権ファンドに投資をしている投機マネーだということになってしまうわけである。

ここまでは国対国の話をしてきた。これが国内における産業対産業、あるいは企業対企業の排出権取引とその先物市場であっても同じことが起こるだろう。

地球温暖化防止の美名の陰には排出権ビジネスがある

もちろん、以上は単純なモデルに基づく、大雑把なシミュレーションにすぎない。

しかし、地球温暖化防止は人類を救う行為だから、熾烈なビジネスには無縁のものだと考えると間違えるだろう。たとえば、二〇〇二年一月一三日付のワシントンポスト紙は、ダン・モーガン記者の「エンロンは民主党にもすり寄っていた」を掲載。京都会議を前にして、当時のクリントン大統領、ゴア副大統領、ルービン財務長官が、エンロンのケネス・レイ会長と京都議定書の内容について会談していたことをすっぱ抜いた。

しかも、エンロンの内部文書によれば、会談のあとレイ会長は、京都議定書は「ほとんどあらゆる規制計画のなかで、最もエンロンのビジネスを促進してくれる」と満足気だったという。エンロンはエネルギーの売買市場だけでなく、排出権取引市場の制覇も狙っていたので、二〇〇〇年の大統領選では、ブッシュ陣営だけでなくゴア陣営にも多額の献金を行ない、人材面での援助もしていたのである。

アメリカが最初の方針を変えて、最近、温暖化防止に意欲を示しているようにみえるのは、ウォール街がこうした排出権ビジネスに対して意欲を燃やしていたからとみたほうがいい。もちろん、温暖化防止を信じて排出権取引を主張している人もいるだろう。しかし、いったんそれがビジネスとなれば、最優先されるのは利益の最大化にほかならない。

それだけではない。ヨーロッパはヨーロッパで、世界に先駆けてＥＵ域内での企業間の排出権取引を行なってきた。ヨーロッパはEU型モデルによって、世界における排出権取引のイニシアティブを握ろうとしている。EUが事実上主導したといわれる京都議定書では、国家間の排出権取引を認めるだけでなく、先進国が開発途上国に対して、二酸化炭素排出の削減を支援すれば、その貢献分が排出権となる仕組みも導入した。

この仕組みによって、ヨーロッパ諸国は途上国に、これからの二酸化炭素削減のための技術供与をしつつ、そのための設備や技術の売買をビジネスにすることができるのだ。すでに、排出権をターゲットにするファンドが次々に設立され、いまやロンドンあたりでその活躍の時機を待っていると伝えられている。理想的な世界の環境を求める地球温暖化防止運動は、いっぽうでこうした熾烈なビジネスを生みださないではいないのである。

デタラメ27 もっとＩＴ化すれば日本の労働生産性も上がる

労働生産性が急伸しなくても慌てる必要はない

大田弘子元経済財政政策担当大臣が、二〇〇八年一月、国会で日本経済の労働生産性は他国より低いから「いまや日本は経済一流とはいえなくなってしまいました」と、悲愴感を漂わせて発言したことは記憶に新しい。

大田元大臣が「低い」といったのは、単年度で比較したときの労働生産性で、これで見るとたしかにアメリカの約七割でしかない。しかし、二〇〇〇年から二〇〇五年までの労働生産性の「伸び率」のほうは、実は、先進国中でアメリカに次ぐ高さだったのである。

また、一九九〇年代の長期不況期に労働生産性の下落があったのはたしかだが、それが数年でアメリカと同じくらいの数値にならないからといって、悲愴感を露《あら》わにするような話ではなかった。そもそも単年度での比較では、それぞれの国の事情が反映してしまうので、国際比較する場合には、数年間での労働生産性の伸び率で比較するのが普通なのである。

さらに、日本の製造業の労働生産性がよくても、サービス業の労働生産性が他の先進国に比べてかなり低いため、全体で単年度計算すると先進国で低位になるのは、いまに始まったことではない。日本のサービス業の場合「過剰サービス」が問題視されてきた。

たとえば、男性が理髪店に行けば散髪だけでなく洗顔、髭剃り、さらにマッサージまでやってくれて三〇〇〇円だが、アメリカで同じサービスを受けようとすれば六〇〇〇円ではすまない。これを、単純に数値に表せば、日本の理髪業の労働生産性は半分以下ということになりかねないのだ。

こうした日本独特の「過剰サービス」を解消して労働生産性を向上させるには、理髪店はいまの半分の人員で、簡素化されたサービスに切り替え、余剰人員はハイテク産業に転職すればよいという著名な経済学者もいる。

しかし、この経済学者が推奨する一〇〇〇円理髪店はひところ急伸したものの、労働生産性を向上させた一〇分間理髪店に好んで行きたがる日本人が、多数派だとはとてもいえない。ここには簡単には変えられない頑固な文化的選好が存在するのである。

そもそも労働生産性の数値は不確定な性格を持っている

しかも、労働生産性という数値は、GDPを国民の総労働時間で割ったものを基にして算出するが、さまざまな不確定な要素が入り込むので、ひとつの国の労働生産性を見ていく場合でも、気をつけないと足をすくわれることになる。

アメリカは一九九〇年代の後半に、ＩＴ革命によって労働生産性が伸びたといわれた。このときには、労働生産性の伸び率を算出するさいの算出法変更もあった。この算出法の変更は、当時の連邦準備制度理事会グリーンスパン議長が主導した。グリーンスパン崇拝者であるジャーナリストのボブ・ウッドワードは、この算出法の変更を「新マンハッタン計画」などと呼んだが、何のことはない。名目ＧＤＰから実質ＧＤＰを算出するさいに用いるデフレータ（割引値）を、以前より小さい数値のものに変えただけなのである。

デフレータは、いくつもの商品の値段にバイアスをかけて割り出した加重平均値であり、価格が下落傾向にあるハイテク製品などを多く入れれば、数値はずっと低下する。小さな数値でデフレート（割り引き）すれば、実質ＧＤＰはそれまでより高い数値となり、その実質ＧＤＰを総労働時間で割った数値も同じく上昇し、そして労働生産性の伸び率も上がる。

グリーンスパンはこうして算出された労働生産性の上昇分〇・四七％のうち、一九九四年までは〇・〇四％だけ加算し、一九九五年以降は〇・四七％加算した。ここに何か根拠があったわけではない。新しい方式で計算されたアメリカの労働生産性の伸び率は、グラフにすると一九九五年から急に上方に折れ曲がっていた。これは、この年から本当にＩＴ革命が始まったからではなく、この年をグリーンスパンが意図的に「IT革命元年」にしたからなのである。

こうまでして、グリーンスパンはIT革命の効果を印象づけようとしたが、奇妙なことに労働生産性の伸び率は、ITバブルが崩壊してからのほうが急伸した。最初は、この現象を奇妙に思って「エニグマ（謎）」などと呼んだ経済学者もいたが、アメリカ金融界では「崩壊後でもIT革命の効果はすごい」ということで株価を上昇させる材料にした。

しかし、これも何のことはない。急激に解雇とアウトソーシングが進んだため、アメリカ人の総労働時間が下落したお陰だったのだ。GDPを総労働時間で割って算出する労働生産性が、分子の縮小の速度より分母の縮小の速度のほうがずっと速かったため、急伸したようにみえただけのことなのである。

労働生産性の伸びは「結果」であって「原因」ではない

やがて、住宅バブルが始まると景気がよくなったので、企業は雇用を増加させて残業時間も増やしていった。その結果、二〇〇五年ごろから、今度は労働生産性が下落を始めて、二〇〇六年にはIT革命が始まる以前に戻ってしまった。

もちろん、ITに労働生産性を向上させる効果がまったくないわけではないが、経済全体の労働生産性を満遍なく上昇させるまでには、一〇年とか二〇年の年月が必要なのである。ちなみに、二〇〇七年、サブプライム問題が顕在化してアメリカ経済は停滞に向かったが、労働生産性は逆に上昇している。つまり、いまや再び解雇と時短の時期を迎えているのだ。

かつて、米経済学者クルーグマンは、「経済の課題は、将来の国民生活を向上させることになる労働生産性の伸び率を上昇させることだが、そうするには、何かうまい方法があるわけではない」と述べたことがあった。労働生産性の伸び率が上昇するのは、イノベーション、企業努力、経済政策など、多くの要素が生みだす「結果」であって、最初からその「原因」を指摘できるようなものではない。

こうした不確定な数値を、経済政策の根幹においたらどうなるか。大田元大臣の政策案では、ITの導入とM&Aを利用して労働生産性を上げる方法が推奨されていたのだが、少なくとも日本の場合、ITの導入が労働生産性の上昇に直接結びついているケースは少なく、また、M&Aは単なる解雇の口実になっている傾向が強かった。

大田元大臣が、悲愴感を漂わせて主張した経済政策は、IT導入やM&Aを口実にして正規雇用を減らし、非正規雇用を増やすことを推奨しただけのことであり、しかも、それが労働生産性の向上につながっていないことはすでに述べた。短期、中期、そしておそらく人材養成という点からすれば長期においても、日本経済を一流に回復させるような政策ではなかったのだ。

小泉政権は、構造改革とは過剰設備、過剰労働、過剰投資を解消して、労働生産性を向上させる改革なのだと主張してきた。しかし、安倍晋三政権を含めて七年も構造改革を続けてきて、大田元大臣がいうように労働生産性が上がっていないとすれば、それは小泉改革じたいが間違っていたということになる。

本人はどこまで気がついていたかわからないが、小泉改革派の大田元大臣が、国会で労働生産性が低いので日本経済は一流とはいえなくなったと演説したのは、あたかも「自殺点」を自分たちのゴールに蹴り込むような行為だった。

デタラメ28 インターネットで「集合知」を活用すれば未来は明るい

群集もウェブ空間ならば賢くなるのか?

古くからの錯覚が、新しい装いで復活している。最新の技術で可能になる「集合知（ウィズダム・オブ・クラウズ）」は、われわれに新しい認識をもたらすという説だ。シリコンバレーでビジネスコンサルタントを営む梅田望夫氏が書いたベストセラー『ウェブ進化論』（ちくま新書）には次のような驚くべき主張がある。

二〇〇五年秋の郵政民営化選挙のさい、梅田氏が、選挙をどのように判断したかを読んでみよう。

「私は総選挙の結果に興味があったので、解散と同時に丹念に日本のブログ空間の言説を読んだ。私は情報を分別するリテラシーは高いほうなので、数時間かけて、だいたいの感じをつかむことができた。そして驚いた。凄い小泉支持率じゃないかと。……そんなおり珍しく、母から国際電話がかかってきた。話の中身は、『今回の選挙は、誰に入れるべきなのか』という軽い相談であった。私は母に、今回は小泉支持だと伝えた。……総表現社会参加者層はブログ空間に影響されて判断し、リアル世界でミクロに『大衆層』に影響を及ぼす。そんな連鎖が起きた最初の事例として小泉圧勝を読み取ることもできるのではないだろうか」

奇妙なことに、ここには政治についての見識もなければ、ウェブ空間に広がった小泉支持についての分析もない。ただ、ウェブ上の大多数が小泉支持だからそれは正しく、相談されたとき小泉に投票しろといった自分は正しかった、という自慢話しか存在しないのである。

「リアル世界」とか「ブログ空間」などという言葉が挟まっているので、何か新しいことを述べているように思った人がいるかもしれない。しかし、梅田氏が述べているのは「私はインターネット上の群集に、何も考えないで旗を振りながら付いて行きました」という恥ずべき告白にすぎない。にもかかわらず彼は次のように勇ましく論じるのである。

「日本だけでも数千万、世界全体で見れば数億から一〇億以上という不特定多数の厖大さ、それゆえの『数の論理』、それらを集約するためのテクノロジーの進化の加速やコスト低下、そういう諸々の要因を冷静に見つめ、『不特定多数の集約』という新しい『力の芽』の成長を凝視し、その社会的な意味を、私たちは考えていかなければならない」

「みんなの意見」はやっぱり危ない

この本のなかで梅田氏が、インターネット上の群集（クラウズ）による言動を正当化する論拠としているのが、経済コラムニストであるジェームズ・スロウィッキーの『「みんなの意見」は案外正しい』（原題は『集団（群集）の知恵（ウィズダム・オブ・クラウズ）』）という本だ。もちろんこれはル・ボンの古典『群集心理』の向こうを張って書かれたもので、愚かだといわれてきた群衆にも、驚くべき知恵が宿ると論じているのだが、その事例というのがきわめて危ういものばかりなのである。

たとえば、冒頭に出てくる二〇世紀初頭に行なわれた「雄牛の重量当てコンテスト」は、畜産について無知な人たちが直感的に記入した雄牛の重量の平均値は、ほとんど誤差がなかったという話だ。

また、一九六六年に沈んだ潜水艦の沈没地点を、シーバス・リーガルのボトルを賭けて大勢の人間たちに指摘させると、彼らは専門的知識がなかったのに、集計して割り出した位置は、実際の沈没地点から二〇〇メートルと離れていなかったという話である。

さらに、二〇〇三年に行なわれた賞金付きの選挙予想実験では、候補者の得票率に関して、結果にきわめて近似の数値を得ることができたという話が語られる。こうした例を挙げながら、スロウィッキーは大胆にも次のようにいう。

「制約がどんなに多くても、一つひとつの不完全な判断が正しい方向に積み重ねられると、集団として優れた知力が発揮されることも多い。私が『集団の知恵（集合知）』と呼ぶこの知力は、いろいろな装いでこの世に現れる。それはインターネットの検索エンジンであるグーグルが何十億というウェブページをスキャンして、探している情報が載っているページをピンポイントで発見できる理由である」

彼が挙げている驚くべき事例は興味深い話にはちがいないが、それが常に成立するとは限らない。しかもスロウィッキーは「一見するとバラバラだけれど実は根本的には似通っている現象」だといいながら、バラバラの現象の間にある「根本的」に似通っている理由を少しも解明していない。

それが「大数計算」の結果なのか、単なる「偶然」なのか、群集に「潜在的な能力」が本当にあるのか、彼はまったく分析していないのだ。これではテレビや雑誌に登場する「世界の超常現象・大特集」と同じことだろう。しかも、インターネット上でただ検索して、首尾よく探している情報に到達することのどこが優れた集合知の発揮といえるのだろうか。

ウェブ空間で結合した技術主義と神秘主義

容易に想像できるように、こうしたインターネットのウェブ空間は、選挙に使いたがる政治家が多いだけでなく、いまやマーケティングに活用して儲けようとする企業や広告会社が鎬《しのぎ》を削っている。

たとえば、ブログ空間では「カリスマ・ブロガー」と呼ばれる人たちが出現して、何十万人という人たちがカリスマたちのブログを読んでいる。マーケッターたちが、こういうカリスマ・ブロガーをマーケティングに使おうと企むのは自然な成り行きというべきだろう。

彼らは、かつてコミュニケーション理論で有力だった「情報二段階の流れ」を、このブログ空間で実現できると考えていたし、事実そうなっている。たとえば、カリスマ・ブロガーが「この本は面白い」と書いてくれれば、労せずしてベストセラーが生まれるのだ。

一〇年ほど前には、ウェブ空間の情報増殖現象を利用して、C級スリラー映画『ブレア・ウィッチ・プロジェクト』をヒットさせたことがあった。要するにインターネット上に「あれ見た？」とか「あなた、まだ見てなかったの？」といった、見ていないと仲間はずれになると思わせるようなメッセージを蔓延させるわけである。

これはまさにアレクシス・ド・トックビルがフランス革命に見出した「沈黙の螺旋《らせん》」をウェブ空間で作り上げる試みであり、この現象はエリザベス・ノエル＝ノイマンたちによってナチス時代に大衆操作に応用され、戦後は「沈黙の螺旋理論」として脚光を浴びた。つまり、多数派の主張の声が大きくなると、少数派は恐怖から沈黙を守るようになり、その結果、螺旋的に多数派の声だけがますます大きくなるのである。

もちろん、「沈黙の螺旋」は起こそうと思ってもそう簡単に起こせるものではないが、二〇〇五年秋の衆院選などは、小泉政権とマスコミが結託したプロパガンダによって、少数派が沈黙させられた一例といえるだろう。梅田氏は選挙に関しての情報リテラシーを自慢しているが、なんのことはない、日本中が「沈黙の螺旋」に巻き込まれているのをインターネットで確認しただけのことなのである。

しかし、すでに小泉政権によって断行された「郵政選挙」が、いかに大衆心理を悪用して一時的な熱狂を作りだしたかは、いまとなっては自明だろう。そしてまた、その後の政治がいかに混乱をきたしたかを振り返れば、その弊害は明らかといえる。

もし、現在のウェブ信仰者やウェブ・マーケッターがいうほどに、世界中の人たちがインターネット漬けになっているとすれば、すでに恐るべき世界的な世論の専制が生まれていてもおかしくない。そして、事実、アメリカ社会を先頭に、すべてを「群集の知恵」ではなく「群集の心理」に委ねる方向に進んでいることもたしかである。

デタラメ29 ネットワークの構築で効率のよい経済が実現する

サイバー・カスケードが常態化する危険

テレビのデジタル化が進んで、インターネットとの融合が実現すると、さかんにいわれるようになってきた。すでにケーブル・テレビだけでなく、光ファイバー網を通じていくつかのテレビ放送も見ることができるし、また、携帯電話でも、いくつものテレビ放送が見られるようになったのは周知のとおりだ。

しかし、テレビにインターネットが入り込んでくる事態を、好ましいものとして諸手を挙げて歓迎するわけにはいかない。すでにテレビは視聴者を過剰なまでに参加させて、その欲望を十二分に反映させてきた。そのうえ、インターネットに特有の多くの問題まで入り込んできたらどうなってしまうのかと、憂慮するほうがまともだろう。

インターネットはしばしば「炎上」とか「祭り」と呼ばれる、特定個人あるいは企業に対する集中的な情報攻撃を引き起こしてきた。たとえば、「2ちゃんねる」と呼ばれる電子掲示板において、イラク人質事件のさい、「自己責任」だから殺されて当然と論じるだけでなく、その家族の住所まで暴露して情報リンチを促がし、とてもここには書けないような言葉で、口汚くののしるという現象があったことは、いまも記憶に新しい。

また、ある女性スポーツ選手がブログで、ボクシングの亀田興毅選手の勝利を褒め称えたところ、「あれがインチキだとわからないのか」という抗議に始まって、「スポーツ選手を辞めろ」などという脅迫めいたメッセージまで殺到した。さらに、ある国会議員の架空の対話をでっち上げ、それをインターネット上でばらまいて、いっせいに批判を繰り広げて同議員を窮地に陥れるという、あきれた情報捏造《ねつぞう》事件も起きている。

インターネット上で起こるこうした過剰集中あるいは過剰選択について、先駆的な分析を行なったキャス・サンスティーンは『リパブリック・コム』のなかで、あまりに過剰に情報が選択できると、人々の共通の体験を消滅させてしまい、選択の自由だけが尊重される分裂した社会になると論じた。そして、社会が過剰に分裂したために個人が情報に直接さらされて生じる「炎上」や「祭り」といった過剰情報集中を「サイバー・カスケード」と呼んでいる。

カスケードとは「小滝」を意味する。個人個人が、自分の自由意思で電子掲示板に書き込み、ブログで意見を発表するのは、小さな雫《しずく》をたらすようなものにすぎないが、インターネットはしばしば小さな雫をかき集めて滝にまで成長させてしまう。しかし、現在、生じている「炎上」や「祭り」を「小さな滝」と呼ぶことは適切ではない。そして、テレビとインターネットが融合してしまえば、それが小さな滝にとどまることはほとんど不可能だろう。

ロングテールが長ければロングヘッドも高くなる

最近、インターネット通販の世界では「ロングテール」という言葉が大流行した。アメリカの出版社経営者クリス・アンダーソンが、インターネット上では、量的にあまり売れていない多数の本の売上合計が、量的に大いに売れている少数の本の売上合計を超えていると、論文で主張して話題になったからだ。

アンダーソンはグラフの横軸に売上順位を取り縦軸に売上額を取って、売上額は大きい少数の商品に比べ、売上額は少ないが延々と横軸上を延びる長い尻尾（ロングテール）の部分の商品が、インターネットの登場によって急に売れるようになったと論じた。

しかし、この現象は昔から「パレートの法則」と呼ばれてきた「べき乗法則」あるいは「ニッパチの原理」の焼き直しであり、「ロングテール」が延々と延びるなら、量的に売れる少数の商品が示す「ロングヘッド」のほうも高々と伸びてしまうはずなのである。つまり、あまり売れない商品はきわめて多いが、ごく少数の商品は極端に多く売れるのである。

事実、現在の市場をみれば、ますます売れ行きに極端な差が生まれている。初めのころは

「パレートの法則」が覆されたと主張していたアンダーソンも、現象を詳細に検討した単行本では勇み足の前説を撤回して、ロングテールの法則はパレートの法則そのものであることを認めてしまった。ということは何か根本的に新しいことが起こっているわけではないのだ。

順位の高い現象の頻度と、順位の低い現象の頻度の間には、べき乗（乗数）で表せる一定の関係があるという「べき乗の法則」は、頻度の高い少数のミスを解消すれば全体の圧倒的な割合の問題が解決するという「ジュランの法則」や、都市を規模の大きい順に並べるとべき乗の法則が成り立つという「ジップの法則」など、さまざまな名前で呼ばれてきた。

これに本格的に論理的な説明を施したのはハーバート・サイモンで、彼は再び都市における規模法則の問題を取り上げ、次のように説明している。

その都市の魅力とは、いかに多くの魅力ある人間がいるかにかかっている。一般的にいって大きな都市には魅力ある人も多い。したがって、大きな都市はますます多くの人間を惹きつけ、小さな都市はますます少ない人しか惹きつけられない。したがって、アメリカにおける都市の規模は、ほぼ、べき乗の法則に従うことになった――。

これは、魅力を感じるという人間の心理に着目した説明ということができる。サイバー・カスケード現象でも、参加者は自分の自由な判断だと思い込んでいるが、実はインターネット上で盛り上がっている「炎上」や「祭り」に、大きな都市に惹きつけられるのと同じように心理的に惹きつけられているのだ。

カスケード現象が常に起こるような仕組み

いっぽう、過剰集中や過剰選択は、心理によらなくとも説明できると考えている人たちもいる。アルバート＝ラズロ・バラバシや、ダンカン・ワッツなどのネットワーク理論家たちは、ネットワークを「ランダム・ネットワーク」と「スケール・フリー・ネットワーク」に分け、ランダムに接続した前者の場合にはコミュニケーションの過剰集中は起こらないが、いくつかの拠点を作りそこから分岐させるハブ・アンド・スポークス型の後者の場合には、何か事故が起こるとたちまち過剰集中が生じることを突き止めている。

つまり、ハブ・アンド・スポークスの場合、普段から路線の接続数において綺麗な「べき乗の法則」が成立するのだ。これはネットワーク理論が、幸いをもたらす現代の福音のように考えているエピゴーネンたちにとっては都合の悪い話だろう。というのは、ハブ・アンド・スポークスにすると、はるかに効率的になるので、ほとんどのネットワーク型産業は、ネットワークを構築するさいに、この方式を採るようになっているからである。

まず、アメリカの電力産業は自由化が推進されるなかで、送電線をハブ・アンド・スポークス型に構築し直したが、カリフォルニア電力危機のさいには、ものの見事に電力カスケードが生じて、しばらく機能不全に陥った。また、アメリカ航空業界がハブ・アンド・スポークス型で航空路を構築したことはよく知られている。しかしバブル期に拠点となるハブ空港に過剰集中が生まれて混乱し、「九・一一」のさいには管理の破綻が明らかになった。

さらに、いうまでもないことだがテレビのネットワークもハブ・アンド・スポークスで構築されており、インターネットはバックボーン（幹線）でハブ間をつなぎ、ハブから支線を出すという形のハブ・アンド・スポークスそのものである。

ハブ・アンド・スポークス型の上で使われているインターネットの検索エンジンも、頻度で順位を決める設計思想によって構築されており、また、テレビ番組の作り方も、視聴率の高低を最大の基準にしているから、「頻度の高いものはますます注目され、頻度の低いものはますます無視される現象を加速している」ということになる。

つまり、現在の情報ネットワークは、あらゆるレベルで過剰集中と過剰選択が生まれるように組み立てられているということだ。昔から心理論を展開する理論家と、構造論を展開する理論家は仲が悪いが、現在の情報ネットワークは、いずれの観点から見ても、わざわざ過剰集中で危機を生み出すために構築されているとしか思えない。

たしかに、ハブ・アンド・スポークス型のネットワークで構築された経済は、正常な状態ではきわめて効率のよいパフォーマンスを実現する。しかし、それが少し狂いはじめるとカスケードを起こして、場合によれば崩壊する危険を持っている。その破綻と崩壊から回復にかかるコストを考えると、必ずしも効率のよいものとはいえないのである。

デタラメ30 日本の経済は企業の合併と買収で活性化する

アメリカ経済は八〇年代に発展したのか

M&Aについて、M&Aがさかんになった一九八〇年代アメリカは産業が疲弊したこと、乗っ取り屋の活躍が経済を効率化するとはいえないこと、投資銀行やファンドは自分たちの利益がすべてであることなどが指摘されてきたことは、前にも触れた。

しかし、アメリカの圧力の下に、日本の経済産業省や法務省が作り上げたルールは、アメリカのルールをほとんどそのまま踏襲したもので、これでは一九八〇年代アメリカの再来になるだろうと憂慮するしかなかった。

しかも、経済マスコミや経済学者が、一九八〇年代アメリカは、M&Aや乗っ取り屋のお陰で、効率のよい経済を実現したと主張するようになったのには驚かざるをえない。金融経済学者である岩田規久男氏は、アメリカのファイナンス理論家マイケル・ジャンセンに依りながら、次のように述べている。

この時期（一九八〇年代）のアメリカは、「賃金の低下」はみられないのに、「労働生産性の年率上昇率は五〇年から八一年の二・三％に対して、八一年から九〇年は三・八％でした」「株価の実質価値は八〇年代には倍増しました」「人々の間の所得格差も縮小しました。すなわち、八二年から八九年にかけて、人々の所得の中央値（もっとも多数の人々の所得）は年率一・八％で増加したのです」（以上『そもそも株式会社とは』ちくま新書）。

経済の効率化を測る指標である労働生産性上昇率が伸びて、株価が倍増し、所得格差も縮小したというのだから、一九八〇年代アメリカ経済は良好だったことになる。したがって、この金融経済学者にいわせれば、「乗っ取り屋」の活躍も、アメリカ経済の効率化に寄与したことになるというわけである。

しかし、乗っ取り屋は株価を吊り上げても、取引の収縮や地域社会の雇用からみればマイナスだったという点はどう考えるのだろうか。

岩田氏によれば、企業の業績がよくなったか否かを考えるさいには、社会的責任を考慮すべきではないのだという。「正直に告白すれば……『地域の利益』とはなにかはっきりしませんせん」。企業は儲けることを考えるだけでよく、雇用維持や地域社会の安定の責任は政府にあるというのだ。

アメリカのM&Aを称賛した説をそのまま輸入

このように述べたてられると、なるほどと納得してしまう人もいるだろう。ことに最近の経済学の入門書や、M&A入門の類を読んだ若い人たちにとっては、当然のことのように思われるかもしれない。しかし、こうした議論には、実は、かなりのバイアスがかかっているといわざるをえない。

ジャンセンが、労働生産性上昇率は一九八〇年代には三・八%に上がったと書いているのはそのとおりだが、大事な語句が抜けている。ジャンセンは「製造業」の労働生産性について述べているのだ(M・ジャンセン『企業の理論』ハーバード大学出版)。

それだけではない、アメリカ経済全体の労働生産性は、実は、一九七〇年代の一・三%から一・一%に下落しているというのが、アメリカ労働省のデータが示している歴史的事実である。しかも、この間、一貫してアメリカの労働生産性は、日本およびEU一五カ国の労働生産性上昇率に後れを取り続けていた。

また、「株価が倍増した」のは、たしかにそのとおりで、「賃金が低下」しなかったのも間違いではない。しかし、これは裏返すと「株価は倍増して証券市場は潤ったのに、製造業の賃金はほとんど上がらなかった」ということなのである。さらに、所得分布の中央値を取って年率一・八%も上がったのだから「所得格差も縮小」したというのは、ジャンセンのペテンを鵜呑みにしているとしか思えない。

さらに、所得格差の議論については笑うしかない。最近の格差論争を読んでいて気づいた人も多いと思われるが、数字の取り方や処理の方法で、まったく異なったイメージが生まれる。そこで、まず所得格差の議論のさいに、しばしば用いられるジニ係数をみると、アメリカにおいて一九八〇年には〇・三八だったのに、九〇年には〇・四一と上昇している。

しかも、所得上位〇・一％の人たちの富の占有率はものすごい急上昇をみせ、一九七〇年代までは全体の所得の二％台だったが、一九八〇年代から急激に上昇し、いまや七％を超えている。アメリカでは中間層などどこかに行ってしまったわけで、こういう状況を「所得格差も縮小」したなどといえるのだろうか。

お金だけで経済の「正義」を判断する思考法

付け加えておくと、かつては、一九八〇年代アメリカにおける製造業の労働生産性上昇はリストラ（解雇）とアウトソーシングによるもので、その分、雇用が移動した先の非製造業の生産性は下落したといわれていた。しかし、これは一九八〇年代初期には当てはまっても、後半はどうも違うようで、製造業の雇用者数は上下しつつも横ばいだった。実は軍需が雇用の減少をカバーしたというのが正しい。

アメリカではこの時期、R&D（研究開発）費が下落したという有力な説もあるが、そういうと必ず「八〇年代アメリカのR&Dは世界一だった」という人が現れる。これも謎を解く鍵は膨れ上がった「国防部門」で、R&D費もレーガン政権の軍事増強で上昇した側面が大きい。国防部門を取り去った、民生用だけのR&D費伸び率は日本をはるかに下回り、EC三カ国よりも低いありさまだった。

ひとつひとつ、細かく見ていくと、岩田氏が主張していることは一面的で恣意的な無視すらある。しかし、私がここで強調しておきたいのは、金融経済学という眼鏡をかけて会社という組織、あるいは経済システム全体をみたとき、かなり歪んだものになってしまうということである

こうしたM&Aの議論は、リアルの世界から切り離されたバーチャルなお金だけの世界のことなのだ。したがって、岩田氏のように、本来は経済を考えるさいに課題であった雇用や地域社会への貢献といった要素を視界から外し、金融の論理だけで会社を考え、経済の成果を考えてしまうわけである。

こうした思考法が蔓延したのが、まさに一九八〇年代以降のアメリカだった。経済学だけではない。法学にもお金で正義を測る思想が生まれた。リチャード・ポズナーというシカゴ大学ロー・スクールの教授は、堂々と「正義とは富の最大化だ」と主張した。裁判のさいの判断基

準は「富の最大化」であり、しかも、この「富」というのは、お金で測った数値のことだと断言した（『正義の経済学』木鐸社）。

日本で称賛されたM&Aも、「富の最大化」を目指したものだった。その富とはお金で測った数値であり、雇用の増大や地域社会の充実など二の次でも、株価をバブルにすれば達成できる。しかし、それが本当に「豊かになる」ことなのか、あるいは日本経済が活性化することなのか。サブプライム危機で悩むアメリカ金融経済をみれば、いまや考えてみなくてもわかる話だろう。

あとがき

勉強会や市民講座に講師として呼ばれることがあるが、そういうとき、しばしば話のきっかけとして参加者に試みてもらうのが「経済常識クイズ」だ。そこにはマスコミに流れている経済情報のなかで、当然のこととして受け取られている「常識」を並べて、正しいものにはマルを、まちがっているものにはバツをつけてもらって、その答えから話を始めるわけである。

意外に強く信じられているのが、本書でも取り上げた「日本は公務員が多い」という「常識」で、「日本は先進諸国でも公務員が最も少ない国の部類」だと話すと、いまでも驚く参加者がけっこう多い。それはそうかもしれない。経済評論家が公務員の悪口を言い続け、有力な政治家が公務員はいまの五分の一でもいいなどと発言するのを聞けば、よほど日本には公務員が多いのだろうと思い込むのも無理はない。

しかし、データを示しながら話を進めると、「数値は分かったが、公務員は働いていない」と言い出す参加者が必ずいる。働いているか否かは数値には出てこないし、たとえば社会保険庁の一連の不祥事は批判されて当然と思うのだが、その憤《いきどお》りのはけ口が、公務員を減らせというまったく見当違いな話になってしまうのは、実に危険なことだと思う。

すでに、本文で読んでいただいた通り、日本の公務員は少なすぎるために不祥事が生まれている可能性すらあるのに、その解決策が公務員数の削減にねじ曲げられてしまっている。しかし、公務員削減のやりすぎで公的サービスの低下が生じ、さらに不祥事が増えたら損をするのは私たち国民なのである。同じような「常識」が経済問題には実に多く存在するのだ。

本書には、勉強会や市民講座で話すことで私が持つことのできた、こうした貴重な体験が多く含まれている。するどい質問をしてくださった方々はもとより、自分が思っていることと違いすぎるので怒って反論された方々にも、ここであらためて感謝しておきたい。

最後に、この本の企画を立てて、実現してくださった、幻冬舎新書編集長の小木田順子さんに御礼を申しあげたい。本書の校正段階でも、つぎつぎと一〇〇年に一度あるかないかの経済的大事件が起こった。小木田さんは、そんな事件を目撃してパニックになりそうな私をよく善導して、一冊の本にまとめてくださった。本当に有難うございました。

平成二〇年一一月吉日

東谷　暁

著者略歴

東谷暁《ひがしたにさとし》

一九五三年、山形県生まれ。早稲田大学政治経済学部卒業。

ビジネス誌・言論誌の編集長等を経て、

九七年よりフリーのジャーナリスト。

事実を緻密に検証した分析には定評がある。

『エコノミストは信用できるか』『金より大事なものがある』(ともに文春新書)、

『ビジネス法則の落とし穴』(学研新書)、

『民営化という虚妄』(ちくま文庫)など著書多数。

幻冬舎新書 100

世界と日本経済30のデタラメ

二〇〇八年十一月三十日 第一刷発行

著者 東谷暁

発行者 見城徹

発行所 株式会社 幻冬舎

〒一五一-〇〇五一 東京都渋谷区千駄ヶ谷四-九-七

電話 〇三-五四一一-六二一一(編集)

〇三-五四一一-六二二二(営業)

振替 〇〇一二〇-八-七六七六四三

ブックデザイン 鈴木成一デザイン室

印刷・製本所 株式会社 光邦

Printed in Japan ISBN978-4-344-98099-0 C0295

ひ-4-1

幻冬舎ホームページアドレス http://www.gentosha.co.jp/

*この本に関するご意見・ご感想をメールでお寄せいただく場合は、comment@gentosha.co.jp まで。

幻冬舎新書

紺谷典子
平成経済20年史

バブルの破裂から始まった平成は、世界金融の破綻で20年目の幕を下ろす。この20年間を振り返り、日本が墜落した最悪の歴史とそのただ1つの原因を解き明かし、復活へ一縷の望みをつなぐ稀有な書。

門倉貴史
世界一身近な世界経済入門

生活必需品の相次ぐ値上げなどの身近な経済現象から、新興国の台頭がもたらす世界経済の地殻変動を解説。ポストBRICs、産油国の勢力図、環境ビジネス……世界経済のトレンドはこの1冊でわかる！

門倉貴史
イスラム金融入門
世界マネーの新潮流

イスラム金融とはイスラム教の教えを守り「利子」の取引をしない金融の仕組みのこと。米国型グローバル資本主義の対抗軸としても注目され、急成長を遂げる新しい金融の仕組みと最新事情を解説。

佐伯啓思
自由と民主主義をもうやめる

日本が直面する危機は、自由と民主主義を至上価値とする進歩主義＝アメリカニズムの帰結だ。食い止めるには封印されてきた日本的価値を取り戻すしかない。真の保守思想家が語る日本の針路。

幻冬舎新書

歳川隆雄
自民と民主がなくなる日
永田町2010年

天下分け目の衆院選後、民主党政権が誕生しても一瞬で終わり、党派を超えた「政界再編」は必ず起こる。今ある党はどう割れ、どう引っ付くか？　確かなインサイド情報をもとに今後の政局を大展望！

島田裕巳
平成宗教20年史

平成はオウム騒動ではじまる。そして平成7年の地下鉄サリン。一方5年、公明党（＝創価学会）が連立政権参加、11年以後、長期与党に。新宗教やスピリチュアルに沸く平成の宗教観をあぶり出す。

平野貞夫
平成政治20年史

20年で14人もの首相が次々に入れ替わり、国民生活は悪くなる一方。国会職員、議長秘書、参院議員として、政治と政局のすべてを知る男が書き揮う、この先10年を読み解くための平成史。

渡辺将人
オバマのアメリカ
大統領選挙と超大国のゆくえ

なぜオバマだったのか。弱冠47歳ハワイ生まれのアフリカ系が、ベテランを押さえて大統領になった。選挙にこそ、アメリカの〈今〉が現れる。気鋭の若手研究者が浮き彫りにする超大国の内実。

幻冬舎新書

浅羽通明
右翼と左翼

右翼も左翼もない時代。だが、依然「右―左」のレッテルは貼られる。右とは何か？　左とは？　その定義、世界史的誕生から日本の「右―左」の特殊性、現代の問題点までを解明した画期的な一冊。

橘　玲
マネーロンダリング入門
国際金融詐欺からテロ資金まで

マネーロンダリングとは、裏金やテロ資金を複数の金融機関を使って隠匿する行為をいう。カシオ詐欺事件、五菱会事件、ライブドア事件などの具体例を挙げ、初心者にマネロンの現場が体験できるように案内。

出井伸之
日本進化論
二〇二〇年に向けて

大量生産型の産業資本主義から情報ネットワーク金融資本主義へ大転換期のいまこそ、日本が再び跳躍する好機といえる。元ソニー最高顧問が日本再生に向けて指南する21世紀型「国家」経営論。

坪井信行
100億円はゴミ同然
アナリスト、トレーダーの24時間

巨額マネーを秒単位で動かし、市場を操るトレーディングの世界。そこで働く勝負師だけが知る、未来予測と情報戦に勝つ術とは？　複雑な投資業界の構造と、異常な感覚で生き抜くプロ集団の実態。

幻冬舎新書

川崎昌平
ネットカフェ難民
ドキュメント「最底辺生活」

金も職も技能もない25歳のニートが、ある日突然、実家の六畳間からネットカフェの一畳ちょいの空間に居を移した。やがて目に見えないところで次々に荒廃が始まる——これこそが、現代の貧困だ！ 実録・社会の危機。

波頭亮　茂木健一郎
日本人の精神と資本主義の倫理

経済繁栄一辺倒で無個性・無批判の現代ニッポン社会はいったいどこへ向かっているのか。気鋭の論客二人が繰り広げるプロフェッショナル論、仕事論、メディア論、文化論、格差論、教育論。

古田隆彦
日本人はどこまで減るか
人口減少社会のパラダイム・シフト

二〇〇四年の一億二七八〇万人をもって日本の人口はピークを迎え〇五年から減少し続ける。四二年には一億人を割り、百年後には三分の一に。これは危機なのか？未来を大胆に予測した文明論。

村上正邦　平野貞夫　筆坂秀世
参議院なんかいらない

庶民感覚に欠け平気で嘘をつき議員特権にあぐらをかく政治家が国家の舵を握っている。参議院の腐敗が国家の死に体をもっとも象徴する今、政治がおかしい原因を、政界・三浪人が大糾弾。

幻冬舎新書

村上正邦　平野貞夫　筆坂秀世
自民党はなぜ潰れないのか
激動する政治の読み方

先の参議院選挙で惨敗を喫した自民党。福田政権になって支持率は回復しているものの、「政治とカネ」問題を始めとする構造的腐敗は明らかだ。政権交代は行われるのか。政界・三浪人が検証。

小谷野敦
日本の有名一族
近代エスタブリッシュメントの系図集

家系図マニアで有名人好き、名声にただならぬ執着をもつ著者による近代スター一族の系譜。政治経済、文学、古典芸能各界の親戚関係が早わかり。絢爛豪華な67家の血筋をたどれば、近代の日本が見えてくる!!

小谷野敦
日本の歴代権力者

聖徳太子から森喜朗まで国家を牽引した一二六名が勢揃い!!　その顔ぶれを並べてみれば日本の歴史が一望できる。〈真の権力者はNo.1を陰で操る〉独特の権力構造も明らかに。

上杉隆
ジャーナリズム崩壊

日本の新聞・テレビの記者たちが世界中で笑われている。その象徴が「記者クラブ」だ。メモを互いに見せ合い同じ記事を書く「メモ合わせ」等、呆れた実態を明らかにする、亡国のメディア論。